Gestão pelos
números certos

O Autor

Samuel Cogan é doutor em Engenharia de Produção pela Coppe/UFRJ, engenheiro pela UFRJ e administrador de empresas pela UERJ. Atualmente é professor do programa de mestrado em Ciências Contábeis da Faculdade de Administração e Ciências Contábeis (FACC/UFRJ), tendo ocupado o cargo de diretor da FACC. Sua experiência profissional inclui cargos executivos em empresas como Xerox, General Electric, Schering e Bradesco Seguros. Cogan é autor de dezenas de artigos publicados em anais de congressos e em periódicos na área de contabilidade gerencial, e também de alguns livros na sua área de especialização.

C676c Cogan, Samuel.
   Gestão pelos números certos: uma novela sobre a transformação da contabilidade gerencial para as empresas lean / Samuel Cogan. – Porto Alegre : Bookman, 2012.
   xiv, 176 p. ; 21 cm.

   ISBN 978-85-7780-957-8

   1. Contabilidade. I. Título.

CDU 657

Catalogação na publicação: Ana Paula M. Magnus – CRB 10/2052

Samuel Cogan

Gestão pelos números certos

Sim, uma novela!

Uma novela sobre a transformação da contabilidade gerencial para as empresas lean

bookman

2012

© Artmed Editora S.A., 2012

Capa
Maurício Pamplona

Preparação de originais
Sandro Andretta

Leitura final
Susana de Azeredo Gonçalves

Gerente editorial CESA
Arysinha Jacques Affonso

Editora
Verônica de Abreu Amaral

Projeto e editoração
Armazém Digital® Editoração Eletrônica – Roberto Carlos Moreira Vieira

Reservados todos os direitos de publicação, em língua portuguesa, à
ARTMED® EDITORA S.A. (Bookman® Companhia Editora
é uma divisão da Artmed® Editora S.A.)

Av. Jerônimo de Ornelas, 670 – Santana
90040-340 Porto Alegre RS
Fone: (51) 3027-7000 Fax: (51) 3027-7070

É proibida a duplicação ou reprodução deste volume, no todo ou em parte, sob quaisquer formas ou por quaisquer meios (eletrônico, mecânico, gravação, fotocópia, distribuição na *Web* e outros), sem permissão expressa da Editora.

SÃO PAULO
Av. Embaixador Macedo Soares, 10.735 – Pavilhão 5
Cond. Espace Center – Vila Anastácio
05095-035 – São Paulo – SP
Fone: (11) 3665-1100 Fax: (11) 3667-1333

SAC 0800 703-3444 – www.grupoa.com.br

IMPRESSO NO BRASIL
PRINTED IN BRAZIL

À Feiga, esposa muito querida.
Aos nossos adorados netos:
Alan Cogan Grossman
e Dan Cogan Grossman

Prefácio

Gestão pelos números certos – uma novela sobre a transformação da contabilidade gerencial para as empresas lean não é um livro convencional. Isso porque, sem deixar de lado explanações e termos técnicos da área, foi escrito quase totalmente com a participação de personagens, empresas e entidades fictícias. Dentre os principais, o gerente geral de uma empresa, seu *controller* e sua analista de custos, além de um emérito e bem disposto professor universitário, autor daquele que é, possivelmente, o primeiro livro em língua portuguesa a tratar das práticas da contabilidade gerencial adaptadas às empresas *lean*.

Assim, couberam exclusivamente ao autor a introdução, a organização das notas, os resumos e as questões ao final de cada capítulo, as considerações finais do livro, o glossário, o índice e as referências bibliográficas. Um trabalho e tanto! Isso sem mencionar sua presença quase invisível ao longo da narrativa, quando a palavra não está com os personagens. Estes, é bom que se saiba, parecem-se um pouco com o autor, e vice-versa.

Feitos esses esclarecimentos, passemos à apresentação do conteúdo deste livro.

As empresas enxutas seguem uma metodologia de operação baseada em princípios originados do Sistema Toyota de Produção. O conceito-chave desses princípios de operação é a identificação e eliminação de qualquer tipo de desperdício em todas as etapas do processo. É uma característica das empresas que utilizam a sistemática de puxar a operação, seja do setor de manufatura seja do setor de serviço. A contabilidade padrão tradicional não se aplica à empresa enxuta. Se uma empresa está no processo de transição para se tornar enxuta, podem ser detectados os seguintes problemas na passagem de produção em massa para a produção enxuta:

1. As companhias enxutas mantêm pequeno, ou quase nenhum, inventário; assim, as empresas que estão em transição para o pensamento enxuto obviamente passarão a reduzir seus inventários. Esses estoques são apresentados como um ativo no balanço patrimonial. Logo, a redução do inventário irá reduzir o valor da companhia, e a lucratividade se reduzirá nos demonstrativos financeiros tradicionais.
2. Isso não acontece somente nas companhias que estão em transição para o pensamento enxuto, pois também os clientes, ao confiarem na redução dos *lead times* de seus fornecedores e no aumento da qualidade, podem reduzir seus estoques. Assim, os clientes podem ajustar seus pedidos e em vez de, por exemplo, fazê-los com cinco semanas de antecedência, fazê-los com apenas uma semana. Dessa forma, as vendas são adiadas no curto prazo.
3. Ser enxuta faz uma companhia se tornar mais produtiva. Contudo, no curto prazo é difícil se beneficiar desses melhoramentos nos resultados de lucros e perdas. Isso porque a força de trabalho ociosa não pode ser desligada, pois é necessária a cooperação dos trabalhadores e dos gerentes para o restante da implementação.
4. Nem a capacidade extra disponível graças à melhoria de produtividade pode ser utilizada no curto prazo, pois a empresa ainda em transição leva tempo para introduzir novos produtos na fabricação e otimizar o sistema ao longo das linhas de produtos enxutos.

Dessa forma, se a contabilidade tradicional for aplicada durante o período de transição, a lucratividade se reduzirá, o que fará com que algumas empresas simplesmente cancelem o programa. A contabilidade enxuta, por outro lado, com suas ferramentas, evita que isso aconteça e mostra, na análise da lucratividade, os bons resultados obtidos com a redução dos estoques, a eliminação de desperdícios, a redução do prazo de entrega, a melhoria da qualidade, etc.

Uma pesquisa conduzida pela Association for Manufacturing Excellence (AME), em 2007, sugere que mais de 50% das companhias manufatureiras norte-americanas estão trabalhando na introdução de algum nível de produção enxuta em suas fábricas. Tal tendência também é percebida no Brasil, onde diversas empresas já utilizam alguma forma de *lean*. Nos Estados Unidos, a metodologia da contabilidade enxuta tem cerca de 10 anos de existência e conta com alguns livros publicados. As técnicas *lean* também se aplicam às empresas de serviços, como bancos, seguradoras, hospitais, etc.

Para a escrita desta obra, além de seus conhecimentos em contabilidade gerencial, engenharia de produção e experiência em docência e em trabalho empresarial com a técnica japonesa do *just-in-time*, o autor realizou uma vasta pesquisa em livros e artigos técnicos e científicos.

Assim, este livro está estruturado da seguinte forma: o primeiro capítulo introduz os personagens e a problemática que os aflige: os informes financeiros da contabilidade tradicional que não estão viabilizando a transição para a metodologia *lean*. São vistos os esforços do gerente geral e de toda a equipe para evitar que o conselho do grupo ao qual pertence a empresa cancele o trabalho já feito pela Águias Poderosas Ltda. em direção a uma empresa enxuta.

O segundo capítulo mostra o caminho percorrido pela equipe da Águias Poderosas Ltda. para a solução de seus problemas. Tem-se notícia de um professor/consultor que está dominando uma técnica recém-aplicada nos Estados Unidos para a solução dos problemas que afligem a transição para uma empresa enxuta; essa metodologia chama-se *lean accounting* (traduzida como contabilidade enxuta). Uma turma é formada, e o professor é contratado para fazer palestras sobre a contabilidade enxuta.

O terceiro capítulo apresenta os fundamentos da produção enxuta voltados para não engenheiros de produção, ou seja, profissionais contadores e administradores de empresas, entre outros. É visto o alicerce do pensamento enxuto, que é constituído pelos cinco princípios fundamentais, pela eliminação dos sete tipos de desperdícios e por diversas técnicas associadas, como células de produção, *kanban*, *kaizen*, cinco S (5S), sistema de puxar, *seis sigma*, *takt time*, etc. O capítulo mostra, ainda, uma forma de custeio pouco conhecida, utilizada pelas empresas que usavam o *just-in-time*, o custeio *backflush*, responsável por reduzir o número de transações contábeis.

No quarto capítulo, ao se perguntar o porquê da contabilidade enxuta, propõe-se uma nova forma de ver os números; em vez de agrupar os custos por departamentos, eles são organizados por fluxo de valor, que inclui tudo que cria valor para o cliente e que a companhia pode razoavelmente associar com um produto ou linha de produtos. Comentários também são feitos aos problemas que afetam a lucratividade da empresa em transição para uma empresa enxuta.

O quinto capítulo apresenta a necessidade de se começar com o mapeamento do fluxo de valor, mostrando, em seguida, o custeio do fluxo de valor e de como obter esses custos que independem do consumo de recursos de cada produto. É visto também como apresentar os resultados iniciais da transição *lean* por meio de um demonstrativo simples de lucros e perdas e da ferramenta do *box score*, que fornece uma visão sumária do desempenho do fluxo de valor. A maioria das decisões pelas quais a precificação se faz necessária é feita no fluxo de valor sem levar em consideração o custo dos produtos. Nos poucos casos em que ela se torna necessária, e no caso de os produtos serem heterogêneos, usa-se o critério de feições e características.

O sexto capítulo apresenta um processo vital de planejamento formal rigoroso para cada fluxo de valor. Mostra o critério de feições e características que permite que se calculem os custos dos produtos do fluxo de valor quando os produtos forem heterogêneos. Apresenta, ainda, uma aplicação da teoria das restrições no custeio do fluxo de valor.

Na conclusão, cada participante faz considerações acerca do que aprendeu com a nova metodologia e das suas expectativas com relação a ela.

As considerações finais, as referências bibliográficas, o glossário e o índice completam o livro.

Sumário

1 Introdução 1
A empresa lean 2
Resumo 12
Questões 13
Notas 13

2 O caminho para a contabilidade enxuta 15
Resumo 32
Questões 32
Notas 33

3 A produção enxuta 35
Especifique precisamente o valor de cada produto determinado 39
Identifique o fluxo de valor 41
Faça o valor fluir sem interrupção 44
Faça o cliente puxar o valor do produtor 46
Células de produção 50
Persiga a perfeição 51
Seis Sigma 52
O custeio backflush 56
Resumo 66
Questões 67
Notas 68

4 Por que contabilidade enxuta? 71
A problemática da implementação da produção enxuta 71
O problema do desempenho financeiro 77

As vantagens da contabilidade do fluxo de valor 82
Resumo 89
Questões 90
Notas 91

5   O custeio do fluxo de valor 93
Mapeamento do fluxo de valor 93
Custos dos produtos no fluxo de valor 103
Resumo 125
Questões 126
Notas 128

6   Cálculo dos custos dos produtos: feições e características 129
Impacto da restrição 133
Impacto das feições e características 135
Cálculo do mix ótimo de produtos com a TOC 140
Aplicação da TOC no fluxo de valor 145
Resumo 147
Questões 148
Nota 150

Conclusão 151
Considerações finais do autor 155
Glossário 157
Referências 169
Índice 173

Capítulo 1
Introdução

Ao cair da tarde de mais um tórrido dia de verão, Marcos Figueiredo está sentado sozinho em seu gabinete de trabalho, meditando sobre o que está ocorrendo na empresa onde é gerente geral, a Águias Poderosas Ltda.[1] A causa de suas preocupações está relacionada ao recente movimento de transformação de sua companhia em direção a uma empresa *lean*,[2] e a responsabilidade por isso ele atribui aos demonstrativos financeiros da contabilidade padrão tradicional. Estes, em vez de enaltecerem os benefícios obtidos com essa técnica (redução nos inventários, redução de desperdícios, aumento da qualidade, redução do ciclo de entrega dos produtos, etc.), demonstram que a situação piorou em relação à antiga forma de produzir. Ele acaba de ter uma reunião com o *controller* da empresa, Paulo Teles, que lhe apresentou de forma enfática os relatórios da contabilidade gerencial tradicional, cujos resultados financeiros mostram perda de lucratividade com a nova configuração de trabalho. Ele não consegue entender o que está acontecendo e mostra-se preocupado com a próxima reunião com o conselho do grupo empresarial do qual a Águias faz parte, e principalmente com a forma que poderá defender essa transição. Ele teme que possa haver um retrocesso e que se retorne à forma anterior de produzir na empresa, o modelo tradicional da produção em massa.

❖ A empresa *lean*

Absorto em mais uma de suas introspecções, Marcos vê seus pensamentos percorrerem os acontecimentos recentes, quando a implementação da metodologia para a transformação em uma empresa *lean* teve início na empresa, sob a sua liderança. Ele estava encantado com a transformação da Águias Poderosas a caminho de se tornar uma empresa de classe mundial.

Há muito tempo, tinha como um dos objetivos da sua carreira implementar técnicas capazes de levar uma companhia ao patamar daquelas consideradas de ponta, em termos nacionais e internacionais. Desde a década de 1980, então como engenheiro industrial recém-formado, ficara entusiasmado com a simplicidade, eficiência e eficácia das técnicas industriais japonesas, conhecidas como *Just-in-Time* (JIT), originárias do Sistema Toyota de Produção (STP).

Conhecera na própria pele os obstáculos que tal mudança (em alguns aspectos radicais) impunha aos que a implementavam. Muito arraigadas no Japão, onde a cultura lhes era favorável, tais técnicas encontravam resistência no Ocidente, não só em um país considerado de economia emergente como o Brasil, como também nos Estados Unidos. Assim, Marcos Figueiredo teve oportunidade, nas poucas empresas em que trabalhou, de fazer interessantes experiências nas técnicas que compõem o chamado *Just-in-Time*, o qual utilizava diversas técnicas, como limpeza e arrumação, que são uma simplificação do atual programa Cinco S (5S),[3] voltado para qualidade,[4] manutenção produtiva total (TPM – Total Productive Maintenance),[5] redução dos tempos de preparação dos equipamentos (*set-up*),[6] *layout* celular (células de produção),[7] funcionário multifuncional,[8] movimentação visual a partir de cartões *kanban*[9] e fornecedores no ambiente JIT (poucos e parceiros).[10]

Marcos lembra muito bem que ficara extasiado ao descobrir que as técnicas do JIT se aplicavam igualmente nas empresas de serviços. Também se recorda da frustração que sentiu quando a implementação do JIT que estava liderando em uma unidade de uma empresa de seguros em que trabalhava como engenheiro de produção fora obstaculizada por problemas políticos e pessoais. Nem seu próprio chefe estava envolvido com a implementação das novas técnicas. Mas, em vez de arrefecer, seu entusiasmo só cresceu com a lição aprendida. Agora, como gerente geral, os obstáculos de natureza pessoal seriam minimizados, acreditava ele. Sendo o número um da unidade fabril e dando o exemplo de comprometimento e envolvimento, as coisas obviamente caminhariam melhor. Naquela ocasião, seu entusiasmo pela aplicação do JIT em empresas de serviços foi tal que chegou a conduzir alguns seminários de JIT aplicado ao setor de serviços.

Na década de 1990, a revolução pelas técnicas japonesas do Sistema Toyota de Produção ocorreu nos Estados Unidos quando foi cunhado o termo "empresa *lean*" (enxuta). Quando se julgava, no passado, que o JIT era prerrogativa apenas das empresas de produção seriada (já que sua origem foi em uma fábrica de automóveis, a Toyota), eis que o pensamento *lean* mostrava-se aplicável a qualquer ramo de manufatura e, obviamente, também às empresas de serviços. Marcos faz uma retrospectiva silenciosa dos fatores de sucesso que estão levando a uma implementação bem-sucedida do *lean* na Águias Poderosas. Assim, lembra que leu em Melton (2005) o seguinte resumo do pensamento *lean*:

> A denominação *lean*, ou pensamento *lean*, é conhecida como uma referência à produção *lean* originária do pioneirismo da Toyota e também ao tema de *The Machine That Changed the World*,[11] o primeiro livro a comparar os métodos de produção japoneses com os sistemas de produção em massa tradicionais do Ocidente, destacando o desempenho superior dos primeiros.
> Também merece importância o livro *Lean Thinking: Banish Waste and Create Wealth in your Organisation* (Womack e Jones, 1996),[12] igualmente um marco na história do *lean*, pois sumariza os princípios do pensamento *lean*. Esse livro também cunhou a expressão *Lean Enterprise* (Produção Enxuta).

Retornando ao início, o nascimento do *Lean* deu-se no Japão, mais precisamente dentro da Toyota, em 1940. O Sistema Toyota de Produção foi concebido com o desejo de produzir através de um fluxo contínuo que não se apoia em longas corridas de produção para ser eficiente; pelo contrário, se baseia no reconhecimento de que somente uma fração do tempo total, e do esforço para processar um produto, é que realmente agrega valor para o consumidor final.

Isso era claramente o oposto do que o mundo ocidental estava fazendo – ou seja, produção em massa com base no planejamento dos recursos materiais (MRP)[13] e sistemas complexos computadorizados desenvolvidos de acordo com as filosofias de produção em massa originalmente desenvolvidas por Henry Ford[14] – elevados volumes de produção de produtos padronizados com um mínimo de trocas de produtos.

Taiichi Ohno[15] começou o trabalho do sistema de produção da Toyota na década de 1940 e continuou até os anos 1980 sem se envolver com os avanços nos sistemas de computação que fizeram os sistemas de produção em massa serem aprimorados pelos Sistemas MRP.

Na década de 1970, a base de suprimentos da Toyota era *lean*; nos anos 1980, a base de sua distribuição também passou a ser *lean*. As ferramentas e técnicas do sistema *lean* incluíam:

- *Kanban* – um sinal visual para dar suporte ao fluxo de *puxar* os produtos a partir do processo de manufatura conforme requerido pelo consumidor.
- 5S – a técnica visual de limpeza e arrumação controlada pelo chão de fábrica.
- Controle visual[16] – um método de medição do desempenho no chão de fábrica que era visual e controlado diretamente pelo operador.
- *Poka yoke*[17] – uma técnica "à prova de erros".
- SMED (*single minute exchange of dies*) – técnica de troca rápida de ferramentas.

Voltando à década de 1990, os dois livros mencionados comparavam o Sistema de Produção em Massa visto nos Estados Unidos e na Europa com a Produção *Lean* vista no Japão na indústria automotiva. A Tabela 1.1 apresenta as comparações destacadas e sumarizadas em Womack, Jones e Roos (1990). A produção em massa foi capaz de manter corridas de produção de grandes quantidades usando padrões que asseguravam que o consumidor tivesse um custo mais baixo; eles também tinham menos variações, o que fazia a força de trabalho considerar esse modo de produzir enfadonho.

Tabela 1.1

Comparação entre os sistemas de produção

	Produção em massa	Produção enxuta (*Lean*)
Base	Henry Ford	Toyota
Pessoal de projeto	Profissionais especializados	Times de trabalhadores multiespecializados de todos os níveis da organização
Pessoal de produção	Trabalhadores não especializados ou semiespecializados	Times de trabalhadores multiespecializados de todos os níveis da organização
Equipamentos	Máquinas caras, dedicadas	Sistemas manuais e automáticos que podem produzir grandes volumes com grande variedade de produtos
Métodos de produção	Fazer grandes volumes de produtos padronizados	Fazer produtos que o cliente está pedindo
Filosofia de organização	A responsabilidade é do gerente hierárquico	Fluxo de valor usando níveis apropriados de *empowerment* – empurrando a responsabilidade para baixo na organização
Filosofia	Objetivo é "suficientemente bom"	Objetivo é "perfeição"

Fonte: Womack, Jones e Roos (1990).

O termo *lean* vem como consequência de um método de produção que requer metade do esforço humano, metade do espaço de manufatura, metade do investimento e metade de horas de engenharia para produzir um novo produto em metade do tempo.

Marcos Figueiredo recorda-se ainda de ter lido no trabalho de Ward e Graves (2004), que cita Womack e Jones (1996), no enunciado dos cinco princípios gerais para o pensamento *lean*:

1. **Valor percebido pelo cliente** – Um princípio-chave da manufatura enxuta é que o valor é definido pelo consumidor final. O valor é visto em termos de produtos específicos, com capabilidades específicas, oferecidas a preços específicos, por meio de diálogo com clientes específicos.
2. **Fluxo de valor** – Definido como o conjunto de todas as ações necessárias para fazer um determinado produto passar pelas três tarefas críticas de gerenciamento de qualquer negócio: a tarefa de solução de problemas desde o conceito detalhado do projeto e engenharia, até a produção desfechada; o gerenciamento da informação desde a emissão do pedido até a programação detalhada da entrega; e os procedimentos da tarefa de transformação física da matéria-prima no produto acabado até chegar às mãos do cliente. O objetivo é revelar desperdícios nas atividades que atualmente existem no processo de entrega de um produto ao cliente e criar ações para eliminá-los.
3. **Fluir o valor** – Uma vez que qualquer passo de desperdício é eliminado, os demais passos criadores de valor precisam ser organizados de forma que fluam. Isso envolve a mudança da forma tradicional de organização funcional departamental/vertical em direção a uma forma holística/horizontal, uma organização voltada para o cliente, ao longo de linhas de fluxo de valor. Células de produção (*layout* celular) normalmente são adotadas pelos fabricantes *lean*, com cada célula (ou uma série

de células) contendo todos os recursos necessários para produzir um produto específico. A fim de permitir que os produtos fluam diretamente da fábrica para o cliente, o lote de produção é rejeitavdo em favor da peça-única ou do fluxo contínuo. A ênfase se move da eficiência de máquinas/pessoas individuais para a eficácia de todo o fluxo de valor.

4. **Puxar** – Quando os passos que agregam valor são organizados em fluxo, o cliente pode então puxar valor através do sistema. Os métodos tradicionais de produção tendem a empurrar produtos através do sistema na esperança de que o cliente irá comprá-los uma vez produzidos. Em um ambiente puxar, nenhum trabalho é completado até que seja requerido pelo processo imediatamente seguinte.

5. **Perfeição** – Para as companhias que adotam amplamente práticas *lean* torna-se claro que o melhoramento é um processo sem fim. Iniciativas para reduzir esforço, tempo, espaço e custo devem ser conduzidas continuamente. Como resultado, os fabricantes *lean* adotam uma filosofia de melhoramento contínuo.

Marcos também entende que ainda existem diversas ferramentas e técnicas que podem ser usadas em associação a esses princípios dentro da companhia, incluindo mapa de fluxo de valor, cinco S (5S), gerenciamento visual, manufatura celular, fornecedor no ambiente *just-in-time*, funcionário polivalente, sistemas *kanban* (puxar), manutenção produtiva total, *kaizen*,[18] *poka-yoke* e redução dos tempos de preparação (*set-up*). Obviamente, Marcos se encontra bem-familiarizado com essas técnicas e com sua implementação, pois é ele quem está liderando esse processo na empresa. A Águias está indo muito bem em direção a se tornar uma empresa *lean*. Os princípios enunciados por Womack estão sendo aceitos na empresa, e pouco a pouco vão sendo utilizados, o que deixa Marcos muito orgulhoso.

Entusiasta e estudioso da produção *lean*, Marcos leu um artigo de Maskell e Kennedy (2007) no qual há um comentário sobre uma pesquisa conduzida pela Association for Manufacturing Excellence (AME), em 2007, que sugere que mais de 50% das companhias manufatureiras nos Estados Unidos estão trabalhando na introdução de algum nível de produção *lean* em suas fábricas. A matéria faz, ainda, menção à pesquisa relatada em Hansen, Mowen e Guan (2009), que registrou as seguintes informações sobre uma empresa *lean* norte-americana: a Hearth and Home Technologies, uma companhia especializada em móveis de escritório e lareiras, implementou manufatura *lean* em sua fábrica de Mount Pleasant, Iowa. A implementação resultou em uma queda de 15% na taxa de chamadas de serviços ao cliente, 23% no custo da qualidade, 30% de redução nas horas extras, melhoria na taxa de entrega, de 93% para 98,4%, 46% de redução do *lead time*,[19] 25% de economia de espaço ocupado e 48% de aumento das quantidades produzidas por hora trabalhada. Em seguida, a matéria cita outras empresas no país que utilizam essa metodologia: Aspect Medical Systems Inc., BostonCientific Inc., Steelease Inc., Takata Scatebelts Inc., Autolive, Maytag, Lookhead Martin, Dell Computer, Raytheon Missile Susems, The Boing Company, Littelfuse Inc., TI Group Automotive Systems.

Com relação às experiências no Brasil, Simões (2009) cita empresas que já adotam o pensamento enxuto em diferentes fases: 3M, Abbott Laboratórios, Alcoa, Alpargatas, Alumar, Bosch, Caterpillar do Brasil, Construtora Castelo Branco, Daimler-Chrysler, Delphi, Docol-Toilet Metals, Dupont, Eaton-Auto Parts, Embraer, Eurofarma, Flextronics, Ford, GE-Motors, Gerdau, GM, Construtora Goldztein, Johnson & Johnson, Laboratórios Pfizer, Masterfoods, Montana-Agrobusiness Machines, Nokia do Brasil, Sabó-Sealing Products, Sandvik, Saint-Gobain-Construction Materials, Schrader Bridgeport, Solectron-Electronics, Thyssen-Krupp, Voith Paper, Volkswagen, Zanettini Barossi-Auto Parts, entre outras.

É óbvio que Marcos está orgulhoso de sua equipe, pois, em sua avaliação, a Águias Poderosas Ltda. está no caminho correto para se tornar uma empresa *lean*. Contudo, ele não pode esquecer da reunião que teve esta tarde com o *controller* da empresa, Paulo

Teles. Como uma ducha fria, os informes contábeis financeiros não mostram os benefícios que a manufatura enxuta vem obtendo no chão de fábrica. O que fazer? Como explicar ao conselho os grandes investimentos feitos para tornar a empresa *lean*, enquanto os resultados financeiros indicam que a lucratividade reduziu? Como evitar a pressão dos acionistas majoritários para retornar à situação anterior, a de uma empresa voltada para a produção em massa?

Encerrado o expediente, Marcos volta para casa preocupado com o dilema exposto pelo *controller*: os primeiros informes da contabilidade gerencial tradicional não recomendam a transformação em empresa *lean*; os informes financeiros mostram redução na lucratividade.

Em casa, Marcos descansa em sua confortável poltrona, com as duas filhinhas equilibradas em suas pernas, o que não o impede de relaxar e degustar uma dose de uísque. Assiste, sem muita atenção, ao noticiário da TV; os olhos fixos na tela, mas o pensamento distante, na empresa. Ainda não havia conseguido se desligar do dia.

De repente, toca seu celular; por frações de segundo ele se arrepende de estar sempre acessível. Passa por sua cabeça que um executivo, ao término do expediente, deveria ir direto para uma ilha próxima, isolada de todos os meios de comunicação, pois o repouso é indispensável para que as células humanas, tal qual a bateria de seu celular, possam ser recarregadas.

Enfim, lá está ele atendendo o telefonema de Paulo, o *controller*, que parece eufórico do outro lado da linha.

– Alô, Marcos! Preste atenção, pois acabo de receber uma ligação da Ana Cláudia, nossa analista de custos, aquela que está fazendo mestrado em ciências contábeis na YPH. Ela conhece bem o problema com relação aos informes financeiros da nossa produção *lean*. E olha só que feliz coincidência! Hoje, ao final da tarde, na aula do Anatole Guarniere, que é especialista em contabilidade gerencial, consultor e autor de diversos livros voltados para técnicas avançadas e contemporâneas, foi feita uma exposição sobre um tema novo. E adivinha qual foi? Justamente aquele que nos aflige! E, ao que parece, não apenas nós estamos enfrentando dificuldades... todo mundo que trabalha com *lean* está! E são muitos pelo mundo afora, com perspectivas crescentes, pois a competição global está direcionando as empresas para um padrão classe mundial; e como a gente bem sabe, o pensamento *lean* é fundamental para isso.

– Marcos – continuou Paulo, ofegante –, a Ana Cláudia conversou com o Anatole e convidou-o a vir à nossa empresa. Ela me falou sobre uma metodologia desenvolvida na contabilidade gerencial, adaptada às empresas *lean*, que se chama *lean accounting*, mas que, no Brasil, provavelmente se chamará contabilidade *lean* ou contabilidade enxuta, e que já se dissemina nos Estados Unidos há uns 10 anos. Já existem livros sobre o assunto e até mesmo trabalhos científicos e técnicos a respeito. No Brasil, ainda é pouco conhecida, embora as necessidades existam, e a nossa empresa é um bom exemplo. O único problema é que o professor Anatole só poderá nos visitar daqui a 15 dias, pois amanhã estará embarcando para os Estados Unidos para participar do Lean Accounting Summit, em Orlando. É um encontro anual de três dias do qual participam mais de 500 executivos de topo de todos os cantos do planeta. Ele acontece desde 2005. E de lá o professor Anatole já tem visitas agendadas a diversas empresas que estão aplicando essa nova metodologia nos Estados Unidos. Nesse evento, vários executivos e consultores fazem palestras e apresentações de aplicação de casos de empresas que implementaram com sucesso o *Lean Accounting*. A Ana Cláudia até me passou o endereço da *home page*. Em suma, daqui a 15 dias o professor Anatole nos visitará e trará, inclusive, algumas informações que ele coletará dos maiores especialistas em *Lean Accounting*. Quem sabe, Marcos, no próximo ano, estaremos em Orlando para o *Lean Accounting Summit*, onde teremos a oportunidade de comparar o que estaremos fazendo na Águias Poderosas com as demais empresas que estão implementando a contabilidade enxuta para sua produção enxuta. Até amanhã, e tenha uma boa noite!

Tão logo Paulo desligou, Marcos se deu conta de que ficara o tempo todo mudo, só escutando, porque o outro não lhe deixara balbuciar uma palavra sequer. Melhor visitar logo a *home page* do evento, para obter informações adicionais. Obviamente, isso desagradou em muito suas duas filhas, que aguardavam ansiosamente todas as noites para desfrutarem um pouco da presença do pai. Sua esposa Margareth ficava estressada quando via que o marido, mesmo em casa, não conseguia se desligar das rotinas do trabalho, não dando a atenção que as meninas tanto ansiavam. E assim as frustrações e reclamações, de mãe e filhas, eram constantes. Uma terapia de família não estava descartada. Marcos, por sua vez, suplicava por mais um pouco de compreensão; sua ansiedade era tanta que ele não poderia deixar de acessar a página do *Lean Accounting Summit*[20] naquela mesma noite. Apesar das dificuldades domésticas, ele consegue encontrar diversas informações interessantes, como uma matéria que mencionava que o tema do evento fora catalisador para mudanças progressivas em companhias que pensam à frente, como Boeing, LaZBoy, Capital One, Buck Knives, Cummins Inc., Glad Manufacturing, Parker Hannifin, Wahl Clipper, The Wiremold Company, Textron Inc. e centenas de grandes e pequenas empresas públicas e privadas.

Acessou também depoimentos de pessoas que já haviam participado de edições anteriores do evento do *Lean Accounting Summit*. Entre os depoimentos, encontrou:

"Se você trabalha em custos ou gerenciamento de custos, não pode perder este evento."

"Recomenda-se este evento como talvez o mais importante encontro da área. Se você não entende a diferença entre contabilidade tradicional e contabilidade *lean*, não apenas perderá essa oportunidade como também irá desistir do *lean* muito brevemente."

"Esse encontro abrirá seus olhos para o valor potencial que a contabilidade pode agregar a uma organização e irá fornecer as ferramentas para ajudá-lo a obter isso. É um grande

motivador para mudanças e muitos participantes são líderes desse movimento. Que grande rede para o aprendizado!"
"Tive cinco representantes de algumas divisões de minha corporação. Continuarei a recomendar este Congresso como um excelente recurso para ajudar a guiar a conversão *lean*."
"A combinação de aprender com aqueles que começaram o processo *lean* no início da década de 1990 e aqueles que são gerentes ativos no processo *lean* de hoje foi muito bem feita."
"Especialistas apresentam *lean* integralmente e com exemplos reais."
"O *Summit* é um inestimável meio para medir onde você e sua companhia estão em termos de contabilidade enxuta a partir de *workshops*, apresentadores principais e redes de comunicação. Você retorna à sua companhia energizado e mais bem equipado."

Com tudo isso, Marcos acreditou estar vendo uma luz no fim do túnel. O sono dos justos finalmente lhe aguardava. Porém, ainda havia uma tarefa não menos complicada: desculpar-se mais uma vez com Margareth, prometendo um final de semana maravilhoso para ela e as meninas na bela casa de serra do tio Alberto.

❖ Resumo

Os executivos das empresas em processo de transição para a produção enxuta costumam mostrar-se preocupados, pois, apesar dos benefícios obtidos com essa técnica (redução nos inventários, redução de desperdícios, aumento da qualidade, redução do ciclo de entrega dos produtos, etc.), os demonstrativos financeiros mostram que a lucratividade reduziu. Como explicar isso para o conselho diretor dessas empresas? Algumas empresas cancelaram essa transformação. Uma pesquisa de 2007 nos Estados Unidos mostrou que cerca de 50% das empresas norte-americanas utilizam alguma forma de produção enxuta. Surge então uma esperança, materializada por uma nova metodologia chamada *contabilidade enxuta*.

❖ Questões

A partir do que foi visto neste capítulo, procure responder às questões a seguir:

1. Compare os sistemas de produção de Henry Ford e da Toyota, citando as vantagens e as desvantagens de cada um.
2. Por que, no início da implementação da produção enxuta na Águias Poderosas Ltda., o sucesso em índices operacionais, como redução nos inventários, redução de desperdícios, aumento da qualidade, redução do ciclo de entrega dos produtos, etc., não se reproduzia em termos de índices financeiros como o demonstrativo de Lucros e Perdas?
3. Se você fosse o gerente geral da Águias Poderosas Ltda., que explicações daria ao Conselho Diretor para justificar os primeiros resultados financeiros negativos?

❖ Notas

1. Empresa fictícia.
2. O termo *lean* foi traduzido como enxuto. Assim, *lean enterprise* é empresa enxuta; *lean accounting* é contabilidade enxuta; *lean production* é produção enxuta, etc.
3. Trata-se de um programa que objetiva transformar o ambiente das organizações e a atitude das pessoas, melhorando a qualidade de vida dos funcionários, diminuindo os desperdícios, reduzindo os custos e aumentando a produtividade das instituições.
4. Técnicas voltadas à Qualidade Total, buscando a perfeição em produtos e serviços.

5. Uma forma de manutenção de equipamentos, administrada pelo próprio operador da máquina, que previne quebras e defeitos de forma eficaz e econômica.
6. Métodos e técnicas para a redução dos tempos durante a preparação da máquina.
7. Montagem do arranjo físico, agrupamento de diversos processos que permite a produção de um conjunto de produtos similares.
8. Funcionário polivalente que opera dois ou mais equipamentos simultaneamente.
9. Cartão visível para autorizar o suprimento de materiais para uso somente quando são necessários. Ou seja, cartões ou registros visuais que movimentam e controlam a produção.
10. Poucos e bons fornecedores, que atuam como parceiros da empresa. Fornecem em pequenas quantidades, entregando a mercadoria, muitas vezes, diretamente no local de uso, na hora certa.
11. Ver WOMACK J.P.; JONES, D.T.; ROSS, D. *The machine that changed the world*. New York: Rawson Associates, 1990. No Brasil, intitulado *A Máquina que Mudou o Mundo*.
12. Ver WOMACK J.P.; JONES, D.T. *Lean thinking*: banish waste and create wealth in your corporation. New York: Simon & Schuster, 1996. No Brasil, intitulado *A Mentalidade Enxuta nas Empresas*.
13. É a sigla de *materials requirements planning*, ou seja, planejamento das necessidades de materiais. É um sistema computadorizado com ênfase na elaboração de um plano de suprimentos de materiais, interna ou externamente.
14. Foi um empreendedor norte-americano, fundador da Ford Motor Company e o primeiro empresário a aplicar a montagem em série de forma a produzir em massa automóveis em menos tempo e a um menor custo, em relação ao que se conhecia então.
15. Um dos precursores do Sistema Toyota de Produção.
16. São sinais simples que fornecem um imediato e pronto entendimento aparente de uma condição ou situação.
17. Dispositivos "à prova de bobeira", isto é, adaptados aos equipamentos que impedem a produção de peças defeituosas.
18. Melhoramento contínuo, gradual.
19. Tempo de processamento até a entrega ao cliente.
20. Ver o *site* www.leanaccountingsummit.com.

Capítulo 2

O caminho para a contabilidade enxuta

Passadas duas semanas, eis que o gerente geral Marcos Figueiredo, o *controller* Paulo Teles e a analista de custos Ana Cláudia Goes estão, os três, impacientes e ansiosos, na sala de reuniões, aguardando a chegada do professor Anatole. Marcos relatou aos dois colaboradores o encontro que tivera, na quarta-feira anterior, com o conselho do grupo a que pertence a Águias Poderosas. Disse que conseguiu retardar a discussão sobre os resultados preliminares desde que a empresa começou o processo de produção *lean*. Fez menção a uma metodologia/técnica de tratamento das informações financeiras especialmente aplicadas a essas empresas e que seria conhecida como contabilidade enxuta, ou seja, uma contabilidade gerencial aplicada às empresas enxutas (*lean*). Sentiu que o vice-presidente financeiro do Grupo, Mr. Harry, que portava, em mãos, um demonstrativo financeiro, não ostentava feições amigáveis. Ao contrário, ensaiou alguns questionamentos, porém Marcos foi defendido pelo vice-presidente de operações, Mr. Stan, que enalteceu os ganhos de produtividade que essa técnica estava trazendo aos negócios da Águias Poderosas, muito embora os resultados financeiros mostrassem que a lucratividade havia reduzido. Assim, Marcos conseguiu que o tema fosse transferido para a pauta da próxima reunião, quando, então, se comprometeu a trazer mais informações. Comunicou, ainda, que iria contratar os serviços de um consultor especialista nessa técnica, o professor Anatole Guarnieri. Estavam nesse ponto da conversa, enquanto apreciavam um delicioso cafezinho, quando foram informados de que o professor de quem estavam falando já havia chegado e estava a caminho da sala de reuniões.

Assim que o professor chega, seguem-se os cumprimentos de praxe e um primeiro momento de conversas informais sobre a recente viagem do professor, e, é claro, sobre as condições climáticas e o trânsito na cidade.

Em seguida, o professor Anatole toma a palavra e disserta sobre o que vem a ser a contabilidade *lean* (contabilidade enxuta). Como apoio, ele usa extratos de comentários de especialistas nessa metodologia, cujas cópias distribuiu a cada um dos participantes.

Inicialmente, ele leu o seguinte trecho de um artigo (Carnes; Hedin, 2005):

> "Nos anos recentes, muitas companhias mudaram suas estratégias de produção. Para se adequarem às crescentes pressões competitivas, essas empresas mudaram da produção de grandes lotes de produtos uniformes para a criação de produtos individuais ou lotes pequenos alterados para as demandas de clientes individuais. Para serem bem-sucedidas nessa mudança de ênfase, as empresas estão adotando uma série de processos conhecida como produção *lean*, que é um termo que surgiu na Toyota Motor Company. Por mais de duas décadas, muitas companhias estão implementando as técnicas de manufatura *lean*, incluindo conceitos como *Just-in-Time*, Teoria das Restrições,[1] Seis Sigma[2] e outras medidas de qualidade, gerenciamento do fluxo de valor e gerenciamento baseado em atividades.[3] Mudar do pensamento da tradicional produção em massa para o pensamento *lean* requer mudanças nas formas como as companhias controlam, medem e contabilizam seus processos. Algumas companhias, quando tentam mudar para a manufatura *lean*, descobrem que seus sistemas de custo padrão criam problemas para os programas *lean*. Muitas vezes acabam descobrindo que o uso do custo padrão tradicional para obtenção da eficiência e utilização da mão de obra acarreta um comportamento não *lean*, ou seja, fabricação de grandes lotes, construção de elevados inventários, desperdí-

cios ocultos e foco no desempenho financeiro, em vez de nas medidas de desempenho operacional. O novo ambiente *lean*, entretanto, necessita de medidas de desempenho local que sejam prontamente entendidas por todos os que trabalham no chão de fábrica, e muitas vezes trata-se de indicadores não financeiros. Historicamente, os cálculos de custos e de controle caíram no domínio da contabilidade gerencial e da contabilidade de custos. Todavia, uma revisão de literaturas recentes sobre custos mostra pouco do que se espera da contabilidade gerencial ou da contabilidade de custos para atender a essas novas formas de produção. Enquanto a relação entre a manufatura *lean* e a contabilidade de custos aparenta ser uma área apropriada e com oportunidades para pesquisadores em contabilidade, muito mais atenção a esse assunto tem sido devotada por aqueles que labutam em engenharia ou em tecnologia da informação. De fato, o que vem sendo escrito nas revistas científicas de contabilidade muitas vezes reporta uma carência de progresso dos contadores na adoção de novas técnicas. Os contadores, ao que parece, deixaram esse campo para os engenheiros e os provedores de *software*".

Fazendo uma pausa, Anatole diz que esse trecho já sinaliza que aparentemente a contabilidade gerencial e a de custos foram estruturadas, desde o início, em função de uma forma de produção que não se coaduna com a maneira *lean* de produzir. E o pior: se aplicada, ela distorce os resultados que a produção *lean* apresenta.

A essa altura, Marcos já se mostra ansioso com a forma como a contabilidade gerencial poderá se adaptar para mostrar os bons resultados que uma implementação bem-sucedida do *lean* costuma apresentar. O professor Anatole pede calma aos três, lembrando a expressão popular de que *não se deve colocar a carroça na frente dos bois*. Contudo, tanto o *controller* quanto a analista de custos (contadores de formação) não gostaram muito da observação que a matéria faz com relação aos contadores, denotando certo corporativismo. Ana Cláudia procura defender a classe, dizendo:

– Há muito os contadores reclamam das distorções dos rateios volumétricos da contabilidade tradicional de custos ressaltando o surgimento de técnicas contemporâneas que trazem melhorias ao tema, como o custeio baseado em atividades (Cogan, 1999; Kaplan; Cooper, 1998) e a contabilidade de ganhos da teoria das restrições (Cogan, 2007; Goldratt, 1991).

E, para enfatizar as distorções do custeio por absorção, ela abre um dos livros utilizados em seu curso de graduação na faculdade e mostra a seguinte tabela:

Tabela 2.1

Distorções no custeio por absorção

	1º ano (R$)	2º ano (R$)	3º ano (R$)	4º ano (R$)
Vendas menos	3.000.000,00	4.500.000,00	3.750.000,00	5.250.000,00
Custos dos produtos vendidos	(2.600.000,00)	(4.180.000,00)	(3.120.000,00)	(5.100.000,00)
Lucro	400.000,00	320.000,00	630.000,00	150.000,00
Inventário final	1.300.000,00	720.000,00	1.800.000,00	0

Fonte: Martins (2000).

Após mostrar a tabela, Ana Cláudia continua:

– Esta tabela apresenta resultados de quatro anos. Notem que quando a empresa passa de uma receita de R$ 3.000.000,00, no primeiro ano, para uma de R$ 4.500.000,00, no segundo ano, ou seja, quando há um acréscimo de R$ 1.500.000,00 (50%), seu lucro diminui em R$ 80.000,00 (20%). O texto aqui explica que isso ocorre porque, no primeiro ano, a produção foi grande (60.000 u), com baixo custo unitário (R$ 65/u), mas foi reduzida no segundo ano (50.000 u), aumentando o valor do custo unitário para R$ 72/u. Apesar do grande acréscimo na receita, o aumento do custo unitário foi mais relevante e acabou por acarretar esse lucro final reduzido (custo variável de R$ 30/u; custos fixos de R$ 2.100.000,00/ano; e preço de venda de R$ 75/u). Raciocínio análogo se observa no terceiro e quarto anos, em que o lucro não acompanhou a flutuação das receitas. Há outra tabela que mostra os valores de produção, vendas e estoque final para cada um dos anos (Martins, 2000).

Então, Ana Claudia mostra a Tabela 2.2 e continua dizendo:

Tabela 2.2

Produção – vendas – estoque final

Período	Produção u	Vendas u	Estoque final u
1º ano	60.000	40.000	20.000
2º ano	50.000	60.000	10.000
3º ano	70.000	50.000	30.000
4º ano	40.000	70.000	0

Fonte: Martins (2000).

– O livro apresenta os cálculos dos custos dos produtos vendidos para o primeiro e segundo anos, a fim de demonstrar os valores colocados na primeira tabela que vimos. Deem uma olhada – e mostra os cálculos.

1º ano: Vendas: 40.000u × R$ 75/u =   R$ 3.000.000,00
Custo dos produtos vendidos:
60.000u × R$ 30/u .... R$ 1.800.000,00 (Variáveis)
                                                 2.100.000,00 (Fixos)
Produção acabada .... R$ 3.900.000,00

Menos: estoque final de produtos acabados:
R$ 3.900.000,00 × 20.000u =
60.000u
R$ 65/u × 20.000 .... (1.300.000,00)
CPV .... R$ 2.600.000,00

2º Ano: Vendas: 60.000u × R$75/u = R$ 4.500.000,00
Custo dos produtos vendidos:
50.000u × R$30/u .... R$ 1.500.000,00 (Variáveis)
                                                       2.100.000,00 (Fixos)
Custo da produção acabada .... R$ 3.600.000,00 (R$72/u)
Mais: estoque inicial de
produtos acabados .... R$ 1.300.000,00
Menos: estoque final de produtos acabados:
R$ 3.600.000,00 × 10.000u =
50.000u
R$ 72/u × 10.000 ....(720.000,00)
CPV .... R$ 4.180.000,00

Nesse ponto, o professor Anatole pede a palavra e retoma o planejamento que fez para a reunião:

– Vou agora pinçar outro trecho em que os autores fazem um histórico da contabilidade gerencial e que creio ser fundamental para o entendimento do que está ocorrendo atualmente com a contabilidade gerencial tradicional nas empresas *lean* (Carnes; Hedin, 2005):

> As metodologias de custeio por absorção e custo padrão cresceram na virada do século XX, quando a produção em massa revolucionou o processo de fabricação e fez dos Estados Unidos uma usina geradora de sucessos econômicos. A produção foi organizada em grandes lotes discretos, com muitas peças ou produtos padronizados.
> A mão de obra representava 50% ou mais do custo do produto, com trabalhadores pouco especializados e considerados um custo totalmente variável. Os tempos de preparação[4] eram muito elevados, e as corridas de produção muito longas. O sucesso desse sistema foi conquistado por um ambiente estável,

com unidades de mão de obra segmentadas em categorias, com leis obrigatórias de tempo e pagamento. Nesse ambiente, um sistema apropriado de custos maximizava a eficiência do centro de trabalho, conectando a maioria dos custos à mão de obra e encorajando os supervisores a manterem seus centros trabalhando. Definir padrões predeterminados para material e mão de obra era importante dos pontos de vista da motivação e da correção. Os poucos custos indiretos associados com a produção eram alocados aos produtos unitários na base do conteúdo de mão de obra no produto. Essa metodologia permitiu à administração saber se cada produto estava carregando sua parcela de custos indiretos e se todos os custos estavam sendo cobertos pelo preço. As variações produzidas por tal sistema permitiram que o gerenciamento avaliasse e analisasse o desempenho funcional e departamental. Produtividade, eficiência, ponto de nivelamento[5] e custos/margens dos produtos tornaram-se padrões pelos quais as organizações estabeleceram e avaliaram seu desempenho interno. Assumindo que a vantagem competitiva é obtida pelo melhoramento da produtividade interna, o sistema enfatiza impactos e decisões em nível departamental e concentradas em decisões internas da firma. Os departamentos agem como nichos de especialização, e os gerentes competem por maiores orçamentos, promoções e bônus. Nos sistemas tradicionais de custos, aumentos nos volumes reduzem os custos unitários. Equipamentos de capital, empregados assalariados e tempos de preparação de equipamentos precisam ser alocados, em média, por muitas unidades para mostrar um custo efetivo. Decisões estratégicas são, então, focadas no volume. Tais sistemas também colocam grande importância no inventário e são adequados às informações adaptadas sobre os muitos recursos usados em medi--lo e controlá-lo. Como os aumentos nos inventários e nos custos dos pedidos não aparecem como custos até que os produtos sejam vendidos, os sistemas tradicionais podem recompensar os gerentes por excesso de produção. Esse problema é exacerbado quando os bônus são associados à produtividade. Os relatórios tradicionais mostram a eficiência da pessoa, a utilização das máquinas, as variações através de uma taxa, o uso de mão de obra e a absorção de custos indiretos. Tempo e esforço são gastos acumulando dados, organizando relatórios e explicando variações. Por décadas esse esforço tem sido considerado central para o entendimento dos processos de produção. Quando os processos são estáveis, a competição é manejável e os ciclos de vida são relativamente longos, esses relatórios póstumos servem bem ao gerenciamento. Infelizmente, as metodologias de custeio padrão e absorção apropriadas aos processos de fabricação dos primórdios do século XX falham nos atuais ambientes de *marketing* e manufatura.

Fazendo uma pausa, o professor Anatole observa que seus ouvintes estão suficientemente atentos e então, prossegue buscando ressaltar as divergências da contabilidade gerencial e os processos de produção:

> Algumas companhias que haviam adotado processos *lean* concluíram que a mudança não pôde ser efetiva em termos de custos, e outras abandonaram essas técnicas após resistência ativa de seus empregados e da administração que sentiu que o processo conduzia a perdas em suas divisões. Organizações podem rejeitar opções de fabricação potencialmente lucrativas por uma série de razões, incluindo a falta de suporte da administração superior, o pobre treinamento de empregados, outras limitações de recursos humanos e a resistência a mudanças, particularmente as que afetam as avaliações de desempenho e de pagamento. Alguns desses comportamentos são comuns na maioria das mudanças. Existe uma forte e crescente evidência no caso da manufatura *lean* de que a falha do sistema de custos de dar apoio apropriado às mudanças tem sido um fator essencial na rejeição da administração a esses novos processos. Relatos de empresas bem-sucedidas na implementação do processo *lean* indicam que a mudança das práticas tradicionais da contabilidade de custos padrão é de crucial importância. Em vez de classificar os custos por departamento, as empresas bem-sucedidas os organizam por fluxo de valor. É necessário considerar, então, se as deficiências nos

sistemas de contabilidade de custos comumente usados tenham dissuadido ou vencido os esforços de adotar métodos de produção potencialmente lucrativos. Cinquenta anos atrás, Peter Drucker[6] expressou preocupação de que a alocação por absorção total da contabilidade de custos tradicional impacte negativamente na tomada de decisão estratégica e operacional. Desde então, a mesma reclamação tem sido expressada regularmente por aqueles envolvidos na reorganização dos processos de negócios para alcançar os desafios dos novos métodos de produção. Processo *lean* requer informação daquelas atividades associadas com o fluxo de valor, compras, pedidos de execução e fechamento do final do mês. Os dados servem para gerenciar o fluxo de valor, para constantemente identificar os desperdícios, para fazer cada empregado envolvido responsável pelas reduções de custos em seu nível de atividade e para conectar todos os informes ao melhoramento dos ciclos.

Não somente os sistemas de custos tradicionais não medem muitas das necessidades métricas, como também o reportam muito lentamente para poder ser considerado de valor em um ambiente *lean*. A aparente falha de algumas firmas de mudar seus sistemas de custos leva a uma questão tipo *ovo ou galinha;* conseguem os processos de produção liderar um projeto de sistema de contabilidade gerencial ou conseguem as companhias colocar estratégias baseadas no sistema já existente? A indicação das pesquisas publicadas mostra que a última hipótese é a que está ocorrendo. O método de produção usado por uma firma irá impactar sua estrutura de custos e afetar o que a companhia mede e relata. Sistemas de contabilidade de custos engessados podem afetar a escolha do sistema de produção por fazerem certas metodologias parecerem mais lucrativas do que outras. Nesse caso, os sistemas de contabilidade de custos tornam-se um obstáculo para a implementação de uma metodologia operacional superior. Infelizmente, existe uma forte probabilidade de o sistema de informação contábil mostrar como não lucrativa uma bem-sucedida implementação de produção *lean*. Redução do inventário nas implementações *lean* pode conduzir a elevados custos das mercadorias vendidas e, em consequência, à redução na lucratividade. Os benefícios de pequenos inventários, produtos de alta qualidade e aumento na satisfação do cliente tornam-se óbvios somente após um longo período de tempo. Um sistema tradicional de custeio por absorção, com sua ênfase no curto prazo, pode facilmente enganar os tomadores de decisão. Pesquisas recentes dos relatórios de contabilidade gerencial mostram a crença de que existe uma mudança na função da contabilidade gerencial, a de manipuladores de números para parceiros nos negócios. Quem lê somente esses relatórios poderia supor que a profissão está viva, com novo vigor e avançando no desenvolvimento e na implementação de estratégias e processos corporativos. Infelizmente, aqueles que conduzem estudos de campo também comentam sobre a insatisfação encontrada pelos gerentes de produção com a aparente falha de seus departamentos de contabilidade gerencial em desenvolver métodos que irão ajudar as organizações na tomada de decisões sadias. Os autores[7] encontraram uma lacuna entre o preparador e o usuário. Quando pesquisaram contadores e gerentes de produção da mesma companhia, concluíram que os gerentes foram mais precisos em reportar as deficiências no trabalho dos contadores do que os próprios contadores. Essas pesquisas também mostraram que os gerentes estão buscando o departamento de tecnologia de informação para criar relatórios que os contadores são incapazes de (ou não desejam) fazer. Integrar produção e contabilidade requer diálogo através das barreiras funcionais. Os grupos de trabalho técnico e operacional, que iniciam a produção *lean*, muitas vezes divergem com aqueles de finanças que medem e avaliam os últimos resultados. Esses dois grupos tendem a falar línguas diferentes, com cada um entendendo seu próprio jargão. Os contadores que estão desejosos de se ajustarem às novas metodologias de produção precisam se misturar com os do chão de fábrica que, por sua vez, precisam da informação. Os gerentes de contabilidade precisam ser adaptáveis e estar desejosos de calcular as rápidas variações nas atividades e processos. O desenvolvimento de medidas de desempenho local permite aos líderes de células, donos de fluxo de valor e gerentes entender e monitorar os processos de produção e seus melhoramentos. Tal como a produção *lean* procura simplificar os processos e reduzir desperdícios, um ambiente de contabilidade *lean* deveria simplificar os sistemas de contabilidade, controle e medição. As medições deveriam ser focadas somente naquelas variáveis que motivam o comportamento *lean* e resultam no melhoramento contínuo. Melhores formas de entender os custos dos produtos e o fluxo de valor deveriam levar a uma maior acurácia e estratégia aperfeiçoada. Eliminar boa parte dos dados coletados pode economizar dinheiro e liberar o pessoal de finanças para trabalhos voltados a um maior interesse estratégico.

O professor Anatole faz outra pausa, bebe um pouco de água, um gole de café, e diz:

– Agora será feita uma breve explanação da necessidade de se aumentar os esforços de adaptação para o pensamento enxuto, na matéria que estava sendo exposta.

Durante a segunda metade do século XX, melhoramentos em engenharia e comunicação levaram a mudanças extremas na forma como os negócios conduzem suas operações. A globalização e pressões competitivas alteraram a forma como os produtos são produzidos e precificados, além de o ciclo de vida do produto ter sido encurtado significativamente. Não seria surpresa se os sistemas de contabilidade e controle projetados para a produção em massa fossem mal adaptados nesse novo ambiente. O que parece ser surpreendente, entretanto, é a forma lenta como muitos gerentes de contabilidade operam na adaptação à nova realidade do pensamento *lean*. Mudanças em um mercado competitivo resultaram em mudanças na filosofia do gerenciamento, o que deveria resultar em mudanças na contabilidade gerencial. Pode-se sustentar que, a não ser que os contadores aumentem seus esforços em desenvolver, implementar e ensinar métodos contábeis que melhor atendam às organizações de negócios, a ocupação do gerente de contabilidade poderá logo ser vista como irrelevante. É, antes de tudo, um contrassenso as universidades não proverem seus graduados com conhecimento que deveria melhorar a competitividade de uma empresa. Muitos processos educacionais já foram tomados pelas empresas que sentem que fazem um trabalho melhor na preparação de seus empregados do que as instituições tradicionais de ensino. Pesquisas na Web pelos termos *lean manufacturing* e *lean accounting* encontram um grande número de empresas de serviços de consultoria e seminários corporativos devotados a esses tópicos. Melhores sistemas contábeis serão criados, e as companhias irão adotá-los. Os gerentes de contabilidade e os acadêmicos deverão liderar agregando valor nessa área. Caso eles não aumentem seus esforços, serão, provavelmente, ultrapassados por outros que tomarão o comando do desenvolvimento de novas e dinâmicas metodologias de contabilidade gerencial e de custos.

O *controller* Paulo, muito incomodado com a observação da matéria com relação aos contadores, frisa:

– Pelo menos na Águias Poderosas, nós, contadores, estamos cientes do novo e importante papel do contador na sociedade brasileira. A propósito do aparte que a Ana Cláudia fez com as tabelas do livro que ela nos mostrou, eu gostaria de fazer uma observação contida na argumentação dos autores (Carnes; Hedin, 2005) do material apresentado pelo professor Anatole, e que poderia ser também demonstrada nessas mesmas tabelas. Imaginem que, no quarto ano, entrou em funcionamento a produção enxuta naquela empresa e que seu inventário final reduziu tanto que chegou a zero.[8] Então, a empresa, nesse quarto ano, vendeu e faturou mais do que nos três anos anteriores, e, com a redução drástica em seu inventário final, a produção pôde ser menor, e eis que o lucro obtido foi reduzido para somente R$ 150.000,00 (conforme pode ser observado na Tabela 2.1). Esse resultado, sem a menor dúvida, não espelha os bons resultados da produção enxuta. A contabilidade tradicional aí aplicada pode trazer sérios problemas a essa implementação, pois a pressão para voltar às práticas antigas poderá ser grande.

Ana Cláudia resolve apimentar o debate perguntando:

– O fato de produzir menos do que a capacidade, como no caso do quarto ano da Tabela 2.2, não poderia ser considerado um desperdício, uma vez que os recursos (pessoal e máquinas) ficariam ociosos?

Com isso, Marcos responde de imediato com toda a autoridade de quem tem experiência em produção *lean*:

– Se a organização é uma empresa enxuta, então ela vai produzir pelo sistema de *puxar* a produção, que corresponderá aos pedidos recebidos no fluxo de valor/célula(s) de produção. Se em uma determinada célula existe sobra de capacidade (mão de obra e equipamento), melhor ficarem parados do que produzirem mais desperdícios. Tentar-se-ia, no caso, remanejar essa capacidade ociosa para outra célula dentro do mesmo fluxo de valor, ou mesmo em outro. Caso contrário, estaremos otimizando localmente em vez de otimizarmos o sistema como um todo; e retornaríamos, então, ao sistema de *empurrar* a produção, paradigma da produção em massa.

Marcos não faz questão de esconder o quanto está satisfeito com essa reunião e com a perspectiva futura de sua empresa. Ao final do encontro, fica acertado que o professor prosseguirá as reuniões com o *staff* da Águias Poderosas, que terá a implementação de sua contabilidade enxuta liderada pelo trio composto pelo gerente geral, pelo *controller* e pelo analista de custos. Posteriormente, os três multiplicarão os conhecimentos para o restante da empresa. Quando da implementação da contabilidade enxuta, o professor dará a assessoria/consultoria necessária. Os acertos financeiros se darão entre o gerente geral e o professor, que enviará uma proposta.

Considerando suas múltiplas atividades, Anatole Guarniere marca o próximo encontro com o grupo para a semana seguinte, quando serão abordadas as técnicas da contabilidade enxuta. E acrescenta:

– Estou registrando no programa de mestrado e doutorado em ciências contábeis do qual participo, na universidade YPH, uma nova linha de pesquisa em contabilidade enxuta (*lean*). Acredito que será o primeiro programa de pós-graduação *stricto sensu* do tipo no Brasil. A Águias Poderosas poderia abrir as portas para os alunos quando das pesquisas acadêmicas dessa nova metodologia?

Ele aproveita para pedir autorização para incluir o caso da Águias Poderosas, após a implementação da contabilidade enxuta, obviamente, no livro que está escrevendo sobre o tema, e que provavelmente será o primeiro, em língua portuguesa, sobre contabilidade gerencial aplicada às empresas enxutas.

Paulo o interrompe e faz uma observação que deixa Ana Cláudia radiante:

– Até agora muito se tem falado em técnicas diversas do *just--in-time* e da produção *lean* que são bem entendidas pelo pessoal do chão da fábrica, mas que para nós, da área administrativa e financeira, são confusas com tantos termos em japonês e inglês. Por que, antes de começar as apresentações sobre contabilidade enxuta, o professor não nos faz uma apresentação sobre produção enxuta? Você mesmo, Marcos, já nos falou de uma pesquisa de 2007, nos Estados Unidos, que constatou que mais de 50% das empresas de lá estão usando alguma forma de produção enxuta. E também comentou de diversas empresas que já utilizam essa metodologia aqui mesmo no Brasil, além das multinacionais que as trouxeram de suas matrizes. Além disso, como o próprio professor comentou, seria importante que os profissionais de contabilidade pudessem assumir essa nova contabilidade. E, como temos um relacionamento muito estreito com a Ordem Regional de Contabilidade, eu sugeriria também abrirmos algumas vagas para que o Conselho da Ordem fizesse indicações. Assim, faríamos uma turma para que o professor Anatole iniciasse suas palestras, começando pela produção enxuta.

Ana Cláudia, esfuziante, faz coro:

– Seria ótimo, pois eu mesma, com formação em ciências contábeis, sinto dificuldade em entender essa mudança brusca, da tradicional produção em massa *empurrada* para uma produção individual *puxada*. É difícil absorver tantas técnicas com nomes em japonês ou inglês, além de siglas como MRP, STP, TOC, ABC, JIT, TPM, TQM, TQC, SMED, entre outras.

Não disse para não parecer inconveniente, mas pensou baixinho: Essa profusão de nomes em outras línguas mais parece o samba do crioulo doido; por que produção *lean* e não produção enxuta? Por que contabilidade *lean* e não contabilidade enxuta? Ela até lembrou de um comentarista de TV, nacionalista contumaz, que não admite, quando se fala de endereço na Internet, dizer *site* tal e tal... para ele, o endereço na Internet é o *sítio* tal e tal...

Marcos achou justa a ponderação e respondeu de imediato:

– Concordo com vocês, até porque, nessa nova forma de produzir, o papel do contador vai mudar em relação ao que ele habitualmente faz.

Ficou então acertado que o professor Anatole iria fazer inicialmente apresentações sobre produção *lean* (embora o chão de fábrica da Águias Poderosas já a estivesse utilizando parcialmente) para o pessoal administrativo/financeiro, bem como para alguns contadores indicados pela Ordem Regional de Contabilidade, que, em diversas ocasiões, já auxiliou os profissionais da Águia. O professor Anatole concordou que uma primeira palestra sobre os fundamentos da produção enxuta seria fundamental para um bom entendimento da contabilidade enxuta.

Contudo, entendendo que terá de esperar um pouco mais para tomar conhecimento da sistemática que compõe a contabilidade enxuta, Marcos não consegue segurar sua ansiedade e faz algumas indagações sobre o que foi apresentado pelo professor Anatole:

– A novidade, no início da década de 1990, era tentar o custeio baseado em atividades. O que é fluxo de valor?

– Vou resumir – responde Anatole. – O fluxo de valor trata de todos os passos necessários para criar valor para o consumidor, sendo organizado em um grupo de pessoal, equipamentos e outros recursos para suportar famílias de produtos que tenham um fluxo similar de produção. O fluxo de valor é constituído de todas as atividades requeridas para levar um grupo de produtos ou serviços do seu ponto inicial (pedido do cliente ou concepção de um novo produto, por exemplo) até o produto final nas mãos do cliente.

– O custeio do fluxo de valor é diferente do custeio ABC? – pergunta Ana Cláudia.

– O custeio do fluxo de valor normalmente não usa o custeio ABC – diz Anatole. – É uma sistemática simples de custeio na qual as alocações são mínimas. Os custos diretos e indiretos incidem no fluxo de valor como se fossem custos diretos. Geralmente não há necessidade de se determinar os custos dos produtos que compõem um fluxo de valor. Determinar os custos dos produtos que pertencem a um determinado fluxo de valor é muitas vezes bem simples. Em alguns casos, pode até ser utilizado o custeio ABC.

– Quantos fluxos de valor normalmente existem para avaliar o desempenho de uma companhia? – quer saber Marcos.

– O mais comum de todos é o fluxo de valor do pedido de vendas – responde Anatole. – Um segundo tipo de fluxo de valor é o fluxo de valor de novo produto, que foca o de *marketing* e vendas, que provê produtos correntes para novos clientes e produtos novos para clientes correntes. Normalmente, envolvem de 25 a 150 pessoas. Eu diria, ainda, que uma empresa, em média, poderia ter até cinco fluxos de valor.

Como bom contador, Paulo demonstra suas preocupações e pergunta:

– Os relatórios externos, no ambiente da contabilidade enxuta, estão em aderência com os princípios contábeis geralmente aceitos?

– A contabilidade enxuta está totalmente em aderência aos princípios contábeis geralmente aceitos. São necessários apenas alguns cuidados ao se fazer esse tipo de mudanças. Mas não se preocupe – diz Anatole, com um sorriso – tudo em seu devido tempo.

Ana Cláudia, entretanto, ainda tem uma pergunta, que não quer calar:

– A contabilidade *lean* seria pura e simplesmente a aplicação das técnicas *lean* à contabilidade gerencial tradicional, ou seria uma contabilidade gerencial adaptada para a produção *lean*?

– Boa pergunta – diz Anatole, satisfeito com o nível dos questionamentos. – Essa é uma dúvida que surge tão logo as pessoas se defrontam com a contabilidade enxuta. Na realidade, não se trata somente da aplicação das técnicas *lean* (redução de desperdício, aumento da produtividade, etc.) à contabilidade de custos tradicional, mesmo porque somente a redução do número de transações hoje existente já a justificaria. Até podemos dizer que é isso também, mas é muito mais. O imperativo, na verdade, é que se trata de uma mudança radical na forma como os informes contábeis e financeiros são feitos, eles que estão habituados com a secular forma de produzir em massa, empurrando a produção através de sistemáticas computadorizadas usadas no MRP.[9] A nova forma *lean* de produzir, que busca uma produção próxima da unidade, em seu limite, não se coaduna com as práticas tradicionais da contabilidade de custos. Tal metodologia, ao ser utilizada em uma empresa inteiramente *lean*, poderá mascarar os resultados, mostrando-os como inferiores mesmo com indicadores operacionais tão auspiciosos. Existem casos, inclusive, de companhias que suspenderam seus esforços *lean* porque os resultados financeiros não os justificavam.

Pensando em tudo que ainda está por vir, Marcos agradece efusivamente ao professor Anatole. Finalmente haverá uma agenda de trabalho de implementação da contabilidade enxuta na Águias Poderosas, iniciando com uma apresentação sobre a produção enxuta, e seguindo com a sistemática de implementação da contabilidade enxuta, que é, na realidade, o que a Águias Poderosas e seu gerente geral tanto aguardam.

❖ Resumo

Com a ajuda de um professor/consultor, obtém-se algumas informações sobre contabilidade enxuta para a busca da solução da problemática de que os informes financeiros da contabilidade tradicional de custos padrão não mostram os benefícios iniciais obtidos pela produção enxuta. Uma observação também é feita com relação aos contadores, que não parecem acompanhar essa evolução na forma de produzir, a qual ocorre desde os primórdios do século XX, com Henry Ford, até os dias de hoje. Fica decidido que o professor/consultor fará palestras semanais sobre contabilidade enxuta.

❖ Questões

A partir do que foi visto neste capítulo, procure responder às questões a seguir:

1. Você concorda que a metodologia do custeio tradicional permite à administração saber se cada produto está carregando sua parcela de custos indiretos e se todos os custos estão sendo cobertos pelo preço? Por quê?
2. Visto que os aumentos nos inventários e nos custos dos pedidos não aparecem como custos até que os produtos sejam vendidos, os sistemas tradicionais podem recompensar os gerentes por

excesso de produção. Esse problema é exacerbado quando os bônus são associados à produtividade? O que você pensa sobre isso? Por quê?
3. Por que as metodologias de custeio padrão e absorção apropriada aos processos de fabricação do início do século XX falham nos atuais ambientes de *marketing* e manufatura?
4. Há 50 anos, Peter Drucker expressou preocupação de que a alocação por absorção total da contabilidade de custos tradicional impactasse negativamente na tomada de decisão estratégica e operacional. Comente.
5. Você acredita que os contadores aparentam não acompanhar a evolução na forma de produzir, a qual ocorre desde a década de 1920, com Henry Ford, até os dias de hoje? Por quê?
6. Os benefícios de pequenos inventários, produtos de alta qualidade e aumento na satisfação do cliente tornam-se óbvios somente após um longo período de tempo. Um sistema tradicional de custeio por absorção, com sua ênfase no curto prazo, pode facilmente enganar os tomadores de decisão. Por quê?
7. Pesquisas recentes revelam a crença de que existe uma mudança na função da contabilidade gerencial, de manipuladores de números para parceiros nos negócios. Comente.
8. A globalização e as pressões competitivas alteraram a forma como os produtos são produzidos e precificados, além de o ciclo de vida dos produtos ter sido encurtado significativamente. Por que não seria surpresa se os sistemas de contabilidade e controle projetados para a produção em massa fossem mal adaptados nesse novo ambiente?

❖ Notas

1. Teoria das Restrições (TOC, Theory of Constraints) é uma filosofia de gerenciamento holístico que enuncia métodos para maximizar o resultado operacional diante de gargalos na operação.
2. É uma disciplina de melhoria da qualidade baseada em fatos e dados e que visa à eliminação de defeitos (caminhando em direção a seis desvios padrão entre a média e o limite mais próximo da especifica-

ção, de forma a garantir não mais que 3,4 defeitos em 1 milhão de oportunidades).
3. Técnica que gerencia redução de custos com os resultados dos custos das atividades obtidas pelo custeio baseado em atividades (ABC, Activity Based Costing).
4. Set-Ups
5. BreakEven Point
6. Filósofo e economista, considerado o pai da administração moderna e o mais reconhecido dos pensadores do fenômeno dos efeitos da globalização na economia, em geral, e nas organizações, em particular.
7. Ver PIERCE, B.; O'DEA, T. Management accounting information and the needs of managers: perceptions of managers and accountants compared. *Br. Account. Rev.*, v. 35, n. 3, p. 257-290, 2003.
8. É óbvio que, na realidade, não se espera que o inventário chegue a zero; porém, deveria atingir o valor mínimo exequível para tal operação.
9. Sigla de *Materials Requirements Planning*, planejamento das necessidades de materiais. É um sistema computadorizado com ênfase na elaboração de um plano de suprimentos de materiais, interna ou externamente.

Capítulo 3
A produção enxuta

O seminário sobre produção enxuta está prestes a começar. Os participantes já estão acomodados nas confortáveis poltronas do novo auditório da Ordem Regional dos Contadores (ORC) naquela bela manhã de março. Embora a Águias Poderosas dispusesse de um auditório, foi decidido que o encontro deveria ter lugar fora da empresa, permitindo maior concentração e envolvimento por parte de todos os assistentes.

O professor Anatole havia preparado algumas transparências e estava também com um farto material de suporte, inclusive um livro adquirido em sua recente viagem aos Estados Unidos. Era um livro de Maskell,[1] um dos consultores que mais propagam o *lean acconting* naquele país, e autor de várias obras sobre o tema. Além do trio Marcos, Paulo e Ana Cláudia, estão presentes alguns gerentes/supervisores da fábrica, de vendas e da área administrativa da Águias Poderosas, o presidente e o gerente executivo da ORC, e alguns contadores de empresas que aceitaram o convite de participar do encontro. A Ordem ficou agradavelmente surpresa com a receptividade da comunidade técnica, mas devido ao número limitado de vagas não fora possível aceitar todos os interessados.

Antes de dar início à palestra, o professor Anatole faz questão de observar que a apresentação que preparou é sobre os fundamentos da produção/fabricação/manufatura enxuta para não engenheiros.

– Meu objetivo é que todos entendam a linguagem abordada quando da apresentação da contabilidade enxuta. Portanto, não entrarei em detalhes da produção enxuta, nem vou me aprofundar no tema, o que poderia fazer se esta fosse uma plateia de engenheiros de produção. Montei esta apresentação pensando em um público constituído por profissionais de contabilidade e administração de empresas, que precisam conhecer esses fundamentos para, em suas empresas, liderarem a mudança da atual contabilidade gerencial, da produção em massa empurrada, para uma contabilidade gerencial voltada para a produção singular puxada, ou seja, a contabilidade enxuta.

Em seguida, o professor Anatole começou a discorrer sobre o tema.

– A manufatura enxuta teve sua origem no Japão, na década de 1950, com o Sistema Toyota de Produção (STP). Conforme Womack, Jones e Roos (1992), foram Eiiji Toyoda e Taiichi Ohno, da Toyota, que inovaram e introduziram essa metodologia. Eles se inspiraram nos supermercados de autosserviço que, naquela época, existiam apenas nos Estados Unidos. A metodologia objetivava a eliminação de tudo que não agregasse valor aos produtos e aos serviços. Para tanto, e qual uma grande caixa de ferramentas, utilizaram técnicas e metodologias muitas vezes desenvolvidas em outros países. Entre elas, a produção em pequenos lotes, a redução de *set-up*[2] e de estoques, o alto foco na qualidade, o *layout* por células de produção,[3] o *kanban*,[4] o recebimento e o fornecimento *just-in-time*,[5] o *empowerment*,[6] os Cinco S (5S),[7] entre outras. Essa nova abordagem do STP foi inicialmente conhecida no Ocidente como *Just-in-Time*, sendo, a partir do livro de Womack, Jones e Roos (1990; 1992) cunhados os termos produção enxuta/manufatura enxuta (*lean production/lean manufacturing*) e pensamento enxuto (*lean thinking*).

Godinho Filho e Fernandes (2004), citado por Womack e Jones (2004), define a manufatura enxuta como uma abordagem que busca uma forma melhor de organizar e gerenciar os relacionamentos de uma empresa com seus clientes, a cadeia de fornecedores, o desenvolvimento de produtos e as operações de produção, segundo a qual é possível fazer cada vez mais com menos (menos equipamento, menos esforço humano, menos tempo, etc.). Ainda em Godinho Filho e Fernandes (2004), desta vez citado por Shah e Ward (2003), a abordagem da manufatura enxuta engloba uma ampla variedade de práticas gerenciais, incluindo o *just-in-time*, os sistemas de qualidade, a manufatura celular, entre outras. E o ponto fundamental da manufatura enxuta é que essas práticas devem trabalhar de maneira sinérgica para criar um sistema de alta qualidade que fabrica produtos no ritmo que o cliente deseja, sem desperdícios.

Entendemos que o *just-in-time* foi a primeira iniciativa do Ocidente para as técnicas do STP. E que a manufatura enxuta funciona como se fosse um *upgrade* para o *just-in-time*. Contudo, existem autores que preferem não confundir manufatura enxuta com *just-in-time*. Eles entendem que o *just-in-time* é um princípio dentro do paradigma enxuto. Assim, pode ser considerado como uma sistemática de produção na qual os materiais chegam exatamente à medida que são necessários nas unidades de produção. É comum, nessa metodologia de trabalho, os fornecedores fazerem suas entregas em pequenas quantidades, várias vezes por dia e diretamente nas máquinas que as usarão. Em vez de simplesmente ser conhecida como uma sistemática de estoque zero, é melhor dizer que manter estoque não agrega valor para os produtos e serviços. Dessa forma, a metodologia *just-in-time* é entendida como a sistemática que focaliza a eliminação dos desperdícios. Estoques, inspeção e tudo mais que não agrega valor deveria ser eliminado, ou pelo menos reduzido, a seus menores valores sem que houvesse riscos para a continuidade dos negócios. O que não agrega valor para o cliente, mas agrega para o negócio deve ser preservado. Restam, portanto, as atividades/tarefas que não agregam valor nem para os clientes nem para o negócio; essas precisam ser eliminadas, pois agregam apenas custos e tempo; o desperdício é o sintoma e não a causa dos problemas. Semântica à parte, a manufatura enxuta é mais que um conjunto de ferramentas, é uma sistemática estruturada pelas diversas metodologias/técnicas que formam o pensamento enxuto na empresa. E, neste livro, o *just-in-time* está sendo considerado uma parte de um sistema maior representado pela produção enxuta. Embora inicialmente voltadas para a manufatura, essas técnicas se ajustam muito bem às empresas do setor de serviços, com diversas aplicações, conforme a literatura da área tem mostrado.[8]

– Não querendo interromper, mas já interrompendo – brada o gerente geral da Águias, parafraseando um famoso humorista e apresentador de TV. – Veja se não estou certo? Nossa empresa, a Águias Poderosas Ltda., já vem implementando uma série de técnicas, como células de produção, Cinco S, método de *puxar* a produção, etc., de forma que pode ser considerada uma empresa *just-in-time*, pois tem implementado quase todas as ferramentas recomendadas pelo método *just-in-time*. Para se tornar uma empresa *lean*, nossa empresa terá de absorver o pensamento *lean*, e isso ocorrerá quando ela, além do que já implementou, também atender, em sua integralidade, aos cinco princípios enunciados por Womack, Jones e Roos (1990).

– Concordo com você – diz o professor Anatole. – Embora haja muita confusão, e em parte se trate de semântica, como disse há pouco, gostei da forma como você distinguiu uma empresa que pratica tão somente o *just-in-time*, como apregoado na década de 1980, de uma empresa de pensamento enxuto da década atual. As técnicas japonesas do STP focam também a eliminação do desperdício. O pensamento enxuto, que cristaliza esse movimento, além do foco no desperdício e na utilização de diversas técnicas/metodologia para que se alcance esse objetivo, está alicerçado nos cinco princípios enunciados por Womack, Jones e Roos (1990), que vocês veem nesta tela:

1. Especificar precisamente o valor de cada produto determinado
2. Identificar o fluxo de valor
3. Fazer o valor fluir sem interrupção
4. Fazer o cliente puxar o valor do produtor
5. Perseguir a perfeição

Neste momento, o professor faz uma pausa, umedece a garganta com um pouco de água e retoma a apresentação, dissertando sobre cada um dos cinco princípios que alicerçam o pensamento enxuto. Ele reforça que, para um melhor entendimento do pensamento *lean*, é fundamental a compreensão desses cinco princípios. E, antes de prosseguir a sua palestra, para que não haja interrupções, pede que todas as dúvidas sejam anotadas e apresentadas ao final.

❖ Especifique precisamente o valor de cada produto determinado

O ponto essencial para o pensamento enxuto é o *valor* tal como o cliente final o percebe. E só é significativo quando expresso em termos de um produto específico (um bem ou serviço, ou mesmo ambos simultaneamente) que atenda às necessidades do cliente a um preço específico e em um momento específico (Womack; Jones, 1996).

A identificação de valor e a definição de proposições para clientes específicos é o ponto de partida. Sem um conhecimento prévio e correto do que o cliente valoriza, talvez não se vá muito longe. Fora do processo industrial, temos o exemplo de um cliente que compra uma máquina de lavar. Ele valoriza a habilidade de a máquina lavar as roupas em casa. Em outros casos, o valor pode estar relacionado ao tipo de cliente, ou às características do produto, inclusive à cor. O desafio, para o fabricante, é desenvolver uma lista de produtos baseada nessas proposições de valor. Isso pode também depender do tipo do cliente. Para um determinado cliente, um aspecto específico agrega valor; enquanto para outro esse aspecto pode ser um desperdício (Melton, 2005).

Um processo livre de desperdício é um processo que trabalha corretamente. São gastos tempo e esforço para se obter um processo livre de desperdícios, portanto, é importante trabalhar com processos que criem valor. Assim, um tipo de desperdício é ter um processo certo para um produto ou serviço que o consumidor não deseja. Companhias enxutas trabalham para definir corretamente o valor em termos de produtos específicos, com capacidades específicas, oferecidos a preços específicos, por meio de diálogos com clientes específicos. Em outras palavras, deve-se trabalhar para entender e entregar o que o cliente deseja comprar. Companhias enxutas muitas vezes se reestruturam à base de produtos que giram em termos de linhas de produtos e organização de gerentes e empregados (Moore; Scheinkopf, 1998).

Segundo Ohno (1997), a produção/manufatura enxuta é o resultado da eliminação de sete tipos de desperdícios:

1. **Superprodução** – Ocorre quando se produz mais do que o necessário, criando assim outros desperdícios, como: áreas para estocagem, deterioração do material, custos de energia, manutenção de equipamentos, escamoteamento de problemas operacionais e administrativos que surgem em consequência dos estoques de segurança, entre outros.
2. **Retrabalho ou correção** – Ocorre em consequência dos retrabalhos e das perdas em materiais/peças/produtos defeituosos.
3. **Superprocessamento** – Ocorre quando um determinado passo do processo não agrega valor ao produto. Ou seja, quando é executado esforço para atender uma condição

que não é requerida no produto. O processo para ou se desenvolve lentamente.
4. **Inventário** – Ocorre em consequência de estocagem de produtos acabados, produtos em processo, matérias-primas, etc.; tudo isso custa dinheiro. Embora possa parecer uma tranquilidade para a empresa, trata-se de dinheiro que fica aprisionado no sistema operacional. E, como não agrega valor, deve ser descartado.
5. **Movimentação de materiais** – Ocorre nos deslocamentos ou estoques temporários, criando passeios de materiais, funcionários e equipamentos. Ou seja, movimentação de produtos para diversos locais; enquanto o produto está em movimento, não está sendo processado e, portanto, não está agregando valor ao cliente.
6. **Movimentação do operador** – Ocorre pelo excessivo movimento das pessoas que operam as instalações de fabricação. Enquanto estão em movimento, não podem dar suporte ao processo de produção; esse movimento, portanto, não adiciona valor.
7. **Tempo de espera** – Ocorre quando o operário permanece ocioso, assistindo a uma máquina em operação, ou quando o processo precedente não entrega seu produto na quantidade, qualidade e tempo certo. Nenhuma atividade ou operação está sendo executada e, em consequência, nada está sendo feito.

❖ Identifique o fluxo de valor

Como visto anteriormente, o primeiro princípio do pensamento enxuto é especificar o que o cliente percebe de valor no(s) produto(s) específico(s). Em seguida, o segundo princípio procura representar, em um mapa, tudo que cria valor para o cliente. Isso consiste em seguir a produção de um produto ou serviço, desde o contato com o cliente, com o fornecedor, até o processo de produção do produto, desde o recebimento do pedido até a entrega final ao cliente, e o serviço após a venda. Isso não só cria valor para o cliente como gera valor para a empresa. Conforme ilustrado na Figura 3.1, o fluxo de valor atende a todos os setores e processos do produto, como: vendas, recebimento do produto, projeto do produto, programação, compras de materiais, planejamento da produção (movimentação de materiais, manutenção, engenharia de produção, contabilidade de custos, garantia de qualidade, serviço ao cliente), fabricação do produto nas células de produção, expedição e embarque, faturamento do cliente, contas a receber, serviços pós-venda. Se necessário, o fluxo de valor se amplia para além das fronteiras da empresa, para armazéns externos, para fornecedores e/ou distribuidores e para o cliente final.

O fluxo de valor mais comum de todos é o do atendimento de pedidos correntes para clientes correntes. Um segundo tipo de fluxo de valor é o de um novo produto que foca no desenvolvimento de novos produtos para novos clientes. Envolve profissionais de *marketing* e de projeto, e engenheiros de produto e de projeto. Um terceiro fluxo de valor é o fluxo de valor que visa prover produtos correntes para novos clientes. Um quarto fluxo de valor é aquele que foca produtos novos para novos clientes. Um fluxo de valor pode ser criado para cada produto. Contudo, é mais frequente para grupos de produtos que usam processos comuns dentro do mesmo fluxo de valor. Um dos meios de identificar os fluxos de valor é usar uma matriz simples bidimensional, em que as atividades e os processos são listados em uma das dimensões, e os produtos em outra dimensão (Hansen; Mowen; Guan, 2009).

Focar o fluxo de valor tem sua explicação, pois é onde o dinheiro flui. Cria-se valor para os clientes através dos fluxos de valor e, em consequência, faz-se dinheiro por meio da combinação de esforços de pessoas de muitos departamentos diferentes. Quanto mais se aperfeiçoa o fluxo de valor, mais valor se cria para os clientes e, em consequência, mais dinheiro se faz. Antes da manufatura enxuta, a maioria das companhias era organizada por depar-

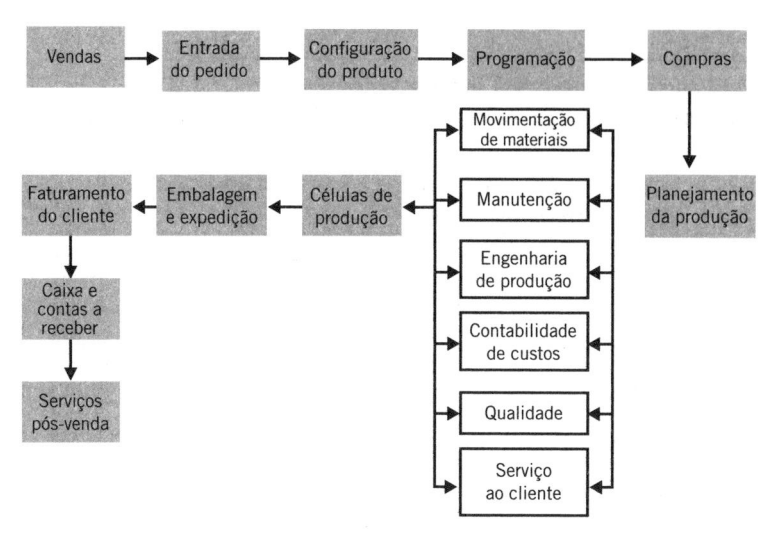

Capítulo 3 – A produção enxuta **43**

```
Vendas → Entrada → Configuração → Programação → Compras
         do pedido   do produto
                                    ↓
                              Movimentação
                              de materiais
                                    ↕
Faturamento ← Embalagem ← Células de → Manutenção ← Planejamento
do cliente     e expedição   produção                 da produção
    ↓                                   ↕
Caixa e                           Engenharia
contas a                          de produção
receber                                ↕
    ↓                             Contabilidade
Serviços                          de custos
pós-venda                              ↕
                                  Qualidade
                                       ↕
                                  Serviço
                                  ao cliente
```

Figura 3.1
Fluxo de valor do atendimento do pedido.
Fonte: Maskell e Baggaley (2004).

tamentos de produção. Esses departamentos, às vezes chamados de centros de excelência, eram designados para serem altamente eficientes no desempenho de operações específicas no processo, as quais podem ser de soldagem, estampagem, usinagem, furação, tratamento térmico, montagem, entre outras. Uma organização com esse tipo não flui facilmente, sendo difícil a identificação de problemas. Quando se move em fluxos de valor, o processo se torna mais claro, facilitando seu gerenciamento. Foca-se o fluxo de valor porque é a melhor forma de ver o fluxo dos materiais, a informação e o caixa em cada organização. É o melhor caminho para entender e aumentar o valor que estamos criando para o cliente, e para aumentar o negócio, as vendas e gerar mais lucro.

Hansen, Mowen e Guan (2009) exemplificam, na Tabela 3.1, uma matriz simples para quatro modelos de rodas de carro, sendo

Tabela 3.1

Matriz para identificação dos fluxos de valor
Atividades de produção: fluxo de valor do pedido

Roda modelo	Entrada do pedido	Planejamento da produção	Compras	Célula de alumínio[a]	Célula de aço[b]	Teste de esforço[c]	Embalagem e expedição	Faturamento
A	X	X	X	X			X	X
B	X	X	X	X			X	X
C	X	X	X		X	X	X	X
D	X	X	X		X	X	X	X

Fonte: Hansen, Mowen e Guan (2009).

que dois (A e B) são de liga de alumínio e dois de aço (C e D). Nesse caso, são recomendados dois fluxos de valor, em que cada um é constituído de dois modelos de produtos (observe-se que as rodas de liga de alumínio e de aço possuem diferentes processos operacionais).

Assim que os fluxos de valor são identificados, o passo seguinte é alocar pessoal e recursos para cada um deles. As máquinas, os processos de fabricação e os suportes de atividades são aplicados a cada um dos fluxos de valor. Isso permite um senso de propriedade e, o que é muito importante, transforma custos indiretos que se aplicam aos fluxos em custos diretos, facilitando e aumentando a precisão do custeio dos produtos.

❖ Faça o valor fluir sem interrupção

Este terceiro princípio emerge após toda e qualquer etapa de desperdício ser eliminada; assim, as etapas que criam valor podem ser organizadas de forma que fluam sem interrupção. Para tanto, o paradigma da forma tradicional de organização funcional departamental/vertical muda em direção a uma forma holística/transversal/horizontal, ou seja, muda para uma organização voltada para o cliente, ao longo de linhas de fluxo de valor. Células de produção (*layout* celular) geralmente são adotadas pelos fabricantes *lean*, com cada célula contendo todos os recursos necessários para produzir um determinado produto, ou com uma série de células organizada para produzir um produto específico. Com o intuito de fazer os produtos fluírem diretamente da fábrica para o cliente, o lote de produção é rejeitado em favor da peça única ou do fluxo contínuo. A ênfase se move da eficiência de máquinas/pessoas individuais para a eficácia de todo o fluxo de valor.

Onde antes havia departamentos de engenharia, de programação e de serviços ao cliente, agora nas organizações enxutas há times de pessoas, com cada um dos departamentos reunindo um time responsável pelo negócio dos produtos respectivos. É aqui que as organizações enxutas implementam o chamado Cinco S (5S) (Moore; Scheinkopf, 1998). O 5S é uma metodologia também utilizada na redução de desperdícios nas empresas e que compreende todas as atividades que coletivamente traduzem atividades de limpeza no local de trabalho. Seu objetivo é a remoção do desperdício associado com confusão e desorganização. Origina-se de cinco termos extraídos da língua japonesa:

- *Seiri* – senso de utilização. Separa as coisas necessárias das desnecessárias, descartando as últimas. Identifica o *hardware* necessário e o desnecessário.
- *Seiton* – senso de arrumação. Arruma as coisas necessárias, agrupando-as para facilitar seu acesso e manuseio. Determina locais específicos para o *hardware* necessário (um lugar para cada coisa e cada coisa em seu lugar).
- *Seiso* – senso de limpeza. Elimina sujeira, poeira, manchas de óleo do chão e dos equipamentos. Elimina o *hardware* desnecessário.
- *Seiketsu* – senso de saúde e higiene. Conserva a limpeza dos ambientes, criando padronização. Procura manter boas condições ambientais, para constantemente manter os 3S acima mencionados.

❖ *Shitsuke* – senso de autodisciplina. Cumpre rigorosamente o que foi determinado, preservando os padrões estabelecidos. Deve-se habituar ao cumprimento de regras e procedimentos.

Fluir sem interrupção é talvez o conceito mais difícil de entender. É também o que mais obviamente se contradiz com o sistema de produção em massa; compara-se o fluxo de um produto/peça *versus* o processo de lotes com as esperas geralmente inerentes a esses processos. A falta de fluir sem interrupção pode ser responsável pela necessidade de grandes almoxarifados/depósitos, que são a marca da produção em massa. É fácil perceber que tal prática é forte consumidora de capital do negócio do trabalho. Para que se entenda essa forma de fluir, é necessário entender o conceito de fluxo de valor – que une os eventos ou as atividades que, ao final, adicionam valor ao cliente. Como já comentado, o fluxo de valor costuma atravessar funcionalmente as fronteiras da organização. O fluxo de valor não mostra todas as atividades de suporte, somente os principais estágios que agregam valor e os times-chave multifuncionais envolvidos. O fluxo está relacionado com processos, pessoas e cultura, e é apropriado, nesse estágio, mencionar o trabalho de Goldratt e Cox (1990), o livro *A Meta*, que introduziu a Teoria das Restrições (TOC). Essa teoria se alinha com o pensamento *lean* ao considerar que um sistema consiste em recursos conectados por processos, que finalmente fazem produtos que podem ser vendidos. Além disso, efetivamente aborda o fluxo de valor e as principais causas da falta de fluxo, que são as restrições no sistema (Melton, 2005).

❖ Faça o cliente puxar o valor do produtor

Quando os passos que agregam valor são organizados em fluxo, e há fluxo ininterrupto, o cliente pode então *puxar* valor através do sistema. Os métodos tradicionais de produção tendem a *empurrar* produtos através do sistema, na esperança de que o cliente irá comprá-los uma vez produzidos. Para tanto, tiveram sua época de sucesso os sistemas computadorizados conhecidos como MRP. Em um ambiente *puxar*, nenhum trabalho é completado até que seja requerido pelo processo imediatamente posterior. Na empresa enxuta, inventário é considerado desperdício. Produzir alguma coisa que não pode ser vendida é desperdício, ainda que isso permaneça no inventário de produtos acabados. É importante que o cliente demande produto puxado através do sistema. Trata-se de uma mudança radical em relação à sistemática de empurrar a produção, em que o sistema encoraja cada recurso a produzir tanto quanto possível, empurrando as peças/partes através do sistema. Assim que os três princípios anteriores estiverem implementados, esse conceito torna-se especialmente necessário. Em razão de o processo ser encurtado com os sucessivos cortes nos desperdícios e na remoção das distâncias que as partes/peças se movimentam dentro da empresa, as organizações enxutas ganham capacidade extra que lhes permite produzir mais que antes. Em um ambiente *empurrar*, tais capacidades se transformam em inventários – o que não ocorre nas empresas enxutas. Em um ambiente *puxar*, essa tendência de superprodução é controlada. As atividades podem ser direcionadas a remover excesso de capacidade ou a aumentar a taxa de puxar. O sistema *empurrar* utiliza tecnologia da informação para empurrar produção com base na fabricação e distribuição de produtos segundo as previsões de vendas. Em uma era de mercados dinâmicos, em que a demanda de um ano não reflete o que irá ocorrer no ano seguinte, o tradicional foco de *empurrar* acarreta sérios problemas nas previsões baseadas em históricos (falta de produtos ou excesso de inventário assim que as vendas reais se mostram bem diferentes da previsão).

As Figuras 3.2 e 3.3 ilustram a diferença entre *empurrar* e *puxar*. No sistema *empurrar*, produz-se mais do que a necessidade, ou menos. O produto vai para os estoques/depósitos, e procura-se persuadir os clientes a comprar. Como consequência, produtos sobram ou faltam em estoque. No sistema *puxar*, produz-se de

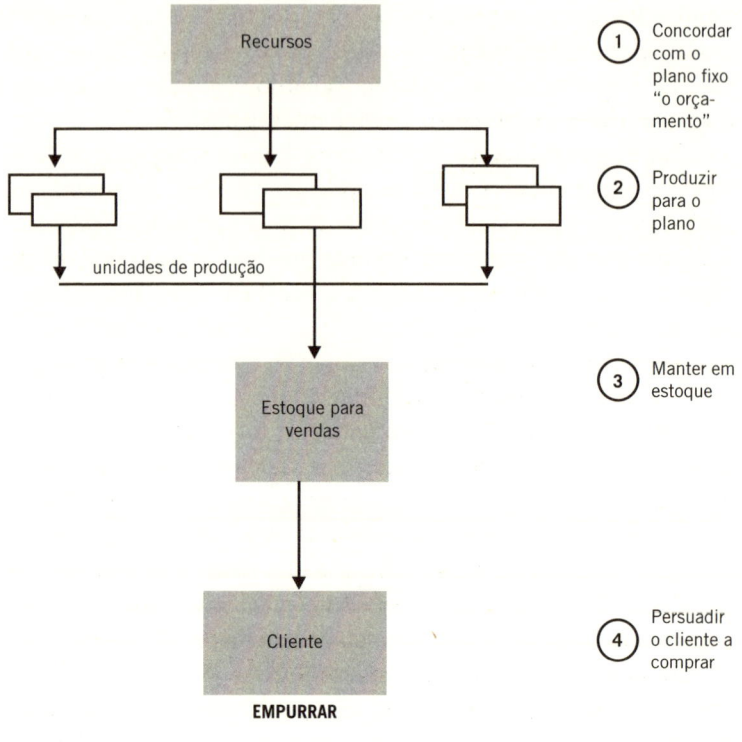

Figura 3.2
Fazer e vender.

acordo com a demanda em pequenas quantidades (produção unitária como objetivo).

A prática de *puxar* é operacionalmente feita nas empresas enxutas por dois métodos: *takt time* e *kanban* (Moore, Scheinkopf, 1998).

Takt Time – É utilizado quando se deseja adaptar o ritmo de produção à taxa de demanda do cliente. O *takt time* é calculado dividindo-se o tempo de produção disponível pela taxa de demanda do cliente. Tome como exemplo uma fábrica que opera em um turno simples de 8 horas (480 minutos), com demanda de

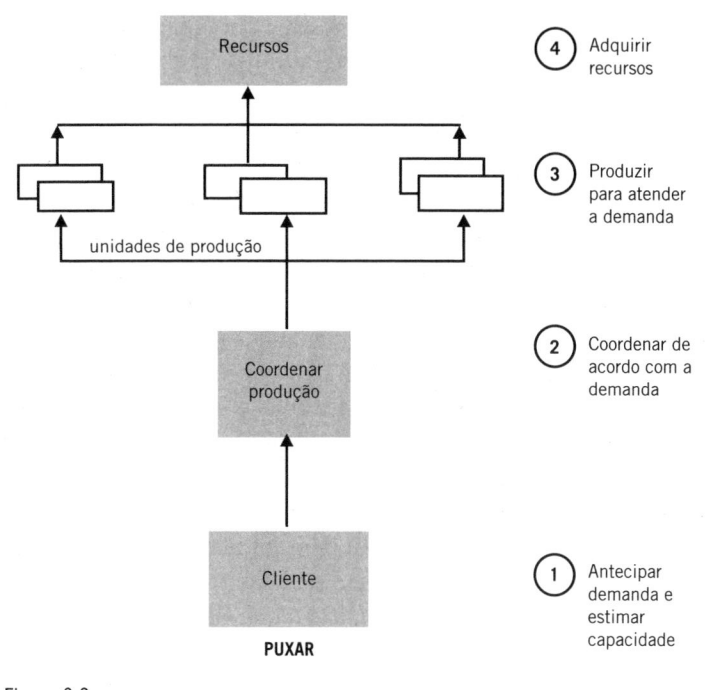

Figura 3.3
Antecipar e responder.

120 unidades/dia. Nesse caso, o *takt time* é de 4 minutos. Maskell e Baggaley (2004) apresentam o seguinte exemplo: uma companhia que fabrica rádios de alta qualidade tem uma demanda média de 635 unidades/dia. A fábrica trabalha dois turnos de 7,5 horas cada. O *takt time* é de 85 segundos (= 2*7,5*3.600/635). Para atender à demanda do cliente, a fábrica tem de fazer um rádio a cada 85 segundos. O tempo do ciclo da montagem final da célula tem de ser não menos do que 85 segundos. Todas as etapas da montagem final da célula terão de ter 85 segundos ou menos. O *takt time* da submontagem da unidade de alto-falante é 42,5 segundos. A célula precisa de dois alto-falantes para cada rádio fabricado.

Conhecer esse tempo é significativo para se alcançar o ritmo desejado para a produção fabril. Em uma produção enxuta, a meta de todos os recursos, em cada etapa ao longo do processo, é produzir a uma taxa de demanda pelo *takt time*. Muitas vezes, o *takt time* e o progresso de cada recurso relativo a essa meta são postados e mostrados visualmente no chão de fábrica.

Kanban – São cartões, ou registros visuais, que movimentam e controlam a produção. Existem por toda a fábrica pequenos estoques (chamados de supermercado) com um cartão *kanban* correspondente. Quando existe demanda, os produtos vão sendo entregues até que o sistema sinaliza que as peças/partes/produtos estão reduzidos a um limite que faz o cartão *kanban* ali colocado comandar a busca de reposição de peças/partes/produtos no setor precedente. O mesmo ocorre nesse setor; quando seu pequeno estoque chega ao limite, seu *kanban* comanda a busca de material no setor precedente. Esses cartões também podem comandar a produção, quando o setor precedente é o de fabricação, e o envio de materiais por parte do fornecedor assim que ele recebe um cartão que autoriza o fornecimento.

O sistema *kanban* é responsável por assegurar que os produtos necessários sejam produzidos nas quantidades necessárias e no tempo necessário.

❖ Células de produção

Consistem na organização em grupos do processo inteiro de produção para um determinado produto, ou produtos similares, incluindo todas as máquinas, equipamentos e operadores necessários. As células são agrupadas por famílias de produtos. Os recursos nas células são arrumados de forma a facilitar todas as operações.

A Figura 3.4 mostra um exemplo de célula com quatro operações: fundição, usinagem, pintura e acabamento. Se a célula é processada continuamente, então uma unidade é produzida a

Capítulo 3 — A produção enxuta **51**

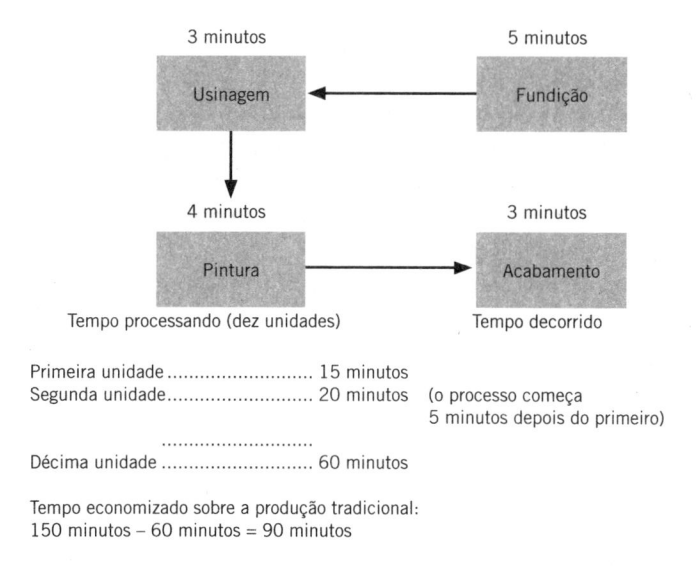

```
  3 minutos              5 minutos
┌───────────┐          ┌───────────┐
│ Usinagem  │ ◄────────│ Fundição  │
└───────────┘          └───────────┘
      │
      ▼
  4 minutos              3 minutos
┌───────────┐          ┌───────────┐
│  Pintura  │─────────►│ Acabamento│
└───────────┘          └───────────┘
```

Tempo processando (dez unidades)   Tempo decorrido

Primeira unidade .... 15 minutos
Segunda unidade .... 20 minutos   (o processo começa
                                                          5 minutos depois do primeiro)
      ....
Décima unidade .... 60 minutos

Tempo economizado sobre a produção tradicional:
150 minutos − 60 minutos = 90 minutos

Figura 3.4

Célula de produção.
Fonte: Maskell e Baggaley (2004).

cada 5 minutos após a partida inicial. O tempo para produzir 10 unidades será de 60 minutos, e o tempo economizado em relação à produção tradicional será de 90 minutos.

❖ **Persiga a perfeição**

Uma vez atingidos os quatro princípios anteriores, volta-se à empresa para alcançar a perfeição e, dessa forma, o melhoramento é contínuo e sem fim. Os japoneses utilizam o *kaizen*.[9] Os grupos de *kaizen* se proliferam nas empresas japonesas, onde grupos de funcionários, em cada seção de trabalho, se reúnem para melhoramentos de produtividade e reduções de custos.

O *kaizen* está voltado para as áreas em que os gerentes percebem que existe a mais alta oportunidade de redução de custos.

O mais importante (e talvez óbvio neste instante) é que o objetivo do custeio *kaizen* não é a estabilidade do processo de produção para padrões de trabalho predeterminados. O objetivo é o constante melhoramento do processo crítico, de forma que os custos possam ser continuamente reduzidos nas linhas de produtos que são maduras, altamente sensíveis a preço e não receptivas à inovação do produto (Cogan, 1999).

A qualidade total nas empresas torna-se imprescindível nas empresas enxutas; a busca da perfeição. E entre as diversas metodologias destaca-se uma técnica contemporânea, o *Seis Sigma*.

❖ Seis Sigma

Esta metodologia de gestão da qualidade foi criada em 1980, na Motorola, estendendo-se posteriormente por diversas empresas, destacando-se, na década de 1990, em empresas como a General Electric e a Allied Signal.

Para atingir o *Seis Sigma*, um processo deve produzir não mais que 3, 4 defeitos[10] por milhão de oportunidades.[11] O objetivo fundamental da metodologia é a implementação de uma estratégia baseada em medição com foco na melhoria do processo e na redução da variação a partir da aplicação dos projetos de melhoramentos. Isso se dá por dois tipos de projetos: DMAIC e DMADV. A abordagem DMAIC (definição, medição, análise, melhoria, controle) enfoca uma sistemática de melhoramentos para processos já existentes que estão abaixo das especificações, buscando melhorias incrementais. A abordagem DMADV (definição, medição, análise, desenho, verificação), por sua vez, corresponde à sistemática de melhoramentos usados para desenvolver novos processos ou produtos nos níveis de qualidade *Seis Sigma*. Ela também pode ser empregada se um processo corrente requer mais do que somente um melhoramento incremental. Na verdade, deve-se observar que essas abordagens para projetos correspondem ao PDCA[12] de Deming[13], utilizado nos programas de qualidade total anteriores.

Esses dois tipos de projetos, para serem implementados, pressupõem o envolvimento de todas as pessoas da organização. Os líderes das unidades de negócios em geral são designados para ser os *Champions* (Campeões). As pessoas que irão implementar esses projetos são chamadas de *Black Belts* (Faixas Pretas) – dedicam 100% de seu tempo aos projetos, supervisionados pelo *Master*, que dirige e se encarrega dos treinamentos. Os *Green Belts* (Faixas Verdes) também atuam nos projetos, embora não em tempo integral, mas paralelamente às suas atividades na empresa.

Neste ponto, o professor Anatole, após uma breve pausa, diz:

– Pessoal, acredito que esta apresentação seja suficiente para que todos possam entender os fundamentos e os termos que serão utilizados nas apresentações que se seguirão sobre a contabilidade enxuta. Estou agora à disposição para perguntas. Por favor, não se acanhem.

Ana Cláudia é a primeira a falar:

– Agora estou menos preocupada com aquelas siglas que representam as diversas técnicas da produção enxuta. Sinto-me mais segura para entender o que vem pela frente.

O presidente da Ordem dos Contadores, Aldemir Costa, também atuante no meio empresarial, pergunta entusiasmado:

– Essas técnicas de manufatura enxuta que acabamos de ver também se aplicam nas empresas de serviços?

O professor Anatole responde:

– Na verdade, os cinco princípios que apresentei a vocês se aplicam para além das fronteiras do chão de fábrica. Podem ser utilizados em empresas de serviços, em empresas de saúde, bem como na área governamental. O Sistema Toyota de Produção não é somente um sistema restrito à manufatura. Na realidade, se aplica a qualquer ramo de negócios. O Sistema Toyota de Produção é um meio de pensamento, uma filosofia total. Existem diversos artigos publicados no campo da saúde e em outras áreas mostrando aplicações do sistema *lean* em diversos ramos de negócios. Aliás, em muitos casos, a empresa de serviços guarda características semelhantes às empresas manufatureiras. Só que, em vez de um operador alimentando sua máquina com a matéria--prima que está ao lado e encaminhando a peça resultante para a operação seguinte, tem-se, na empresa de serviço, o funcionário em sua mesa de trabalho recebendo a informação, trabalhando-a e encaminhando-a para a próxima tarefa. É como se fosse uma fábrica limpa onde inexiste a graxa/óleo das máquinas e das matérias-primas. Historicamente, a riqueza das nações era primazia dos funcionários de *macacão azul*, daí o fato de as técnicas surgirem com sua aplicação inicial voltada para a manufatura. Os chamados colarinhos *brancos*, numa referência aos funcionários de serviços, hoje respondem pela quase totalidade das vagas nas empresas. Dessa forma, por que não aplicar, *na fábrica limpa*, as técnicas consagradas nas fábricas?

Após a explicação do professor Anatole, é a vez de Assis, gerente financeiro de uma importante multinacional, um dos convidados a integrar a turma, levantar o braço e perguntar:

– Gostaria de saber quais cuidados são necessários para uma implementação bem-sucedida da produção enxuta nas empresas.

A resposta do professor é imediata:

– Jamais se deve iniciar a implementação com o pensamento voltado para a redução do quadro de pessoal, mesmo que isso venha a se mostrar possível e necessário. Porém, preferencialmente, as pessoas devem ser realocadas para outras atividades/

tarefas criadoras de valor, resultantes do aumento das atividades da empresa em função dessa nova metodologia. Uma simples redução de quadro esconde o verdadeiro objetivo do pensamento enxuto, que é o de criar valor a partir da eliminação de desperdícios, e não da eliminação de pessoas. Deve-se também limitar o escopo do projeto piloto inicial para assegurar o sucesso da empreitada. Deve-se entender que *lean* é uma nova forma de pensamento, é muito mais que somente uma série de ferramentas/técnicas. É um sistema total que cria uma nova filosofia de operação, que foca a eliminação de tudo que não agrega valor, desde a entrada do pedido até o recebimento do pagamento pelo serviço. Por fim, deve-se entender que é imprescindível o comprometimento e, principalmente, o envolvimento do líder da empresa nesse projeto.

Paulo também faz sua pergunta:

– Que sintomas indicariam que uma empresa deveria se tornar enxuta?

Anatole responde com a próxima tela da sua apresentação o que leva uma empresa a adotar a produção enxuta:

❖ Produção com muitos atrasos na entrega.
❖ Serviços paralisados em consequência da falta de empregado e de faltas em estoque.
❖ Empregados, no chão de fábrica, despendendo muito tempo em esperas.
❖ Capital imobilizado em inventários.
❖ Lotes de produção bem maiores do que as taxas de consumo.
❖ Muita movimentação e diversos estágios de estocagem no processo produtivo.

❖ O custeio *backflush*[14]

O professor Anatole faz uma pausa, toma um gole de água e dirige um demorado olhar para a plateia antes de dar prosseguimento à sua fala:

– Caros colegas, depois de apresentar a produção enxuta creio que podemos entrar diretamente no tema da contabilidade enxuta. Vamos começar falando de uma forma de custeio pouco conhecida utilizada pelas empresas que usavam o *just-in-time*: o custeio *backflush*. O custeio *backflush* está baseado na filosofia de que o inventário não é uma atividade que agrega valor. Em virtude da sistemática de *puxar* a produção, o custeio *backflush* tende a trabalhar melhor outros tipos tradicionais de custeio. Ele é característico das empresas que adotam as técnicas do *just-in-time*. É bom frisar que, para as empresas enxutas, a técnica de custeio a ser adotada é a do fluxo de valor.

Marcos interrompe e diz:

– Já estamos utilizando o custeio *backflush* na Águias Poderosas. Ele é uma consequência natural das modificações que estão sendo processadas na companhia, como produção por meio de células e *kanbans* que puxam a produção, entre outras técnicas. O Paulo poderá dar mais informações a respeito.

O professor explica:

– Vou fazer uma explanação resumida dessa forma de custeio, pois os demais presentes certamente não a conhecem. Depois, então, passarei a palavra ao *controller* da Águias para que ele dê um depoimento da experiência da empresa com essa forma de custeio.

– Ok, professor – responde Marcos.

E prossegue com sua aula:

As companhias que implementam um sistema de produção *just-in-time* não precisam se preocupar em rastrear todos os custos para valorização de inventários, uma vez que esses níveis de inventários são geralmente insignificantes. Em vez disso, os contadores registram todos os custos de fabricação diretamente na conta de custos dos produtos vendidos. Isso economiza considerável tempo e esforço e reduz erros computacionais. No final do período contábil, se os contadores perceberem que a companhia tem algum inventário, então eles podem usar o custeio *backflush* para registrar valores de inventário. Esse método trabalha de trás para frente, a partir dos custos dos produtos vendidos, para registrar os custos de fabricação nos inventários em processo. Se não existir inventário ao final do processo, a empresa não necessita registrar o fluxo reverso dos custos (Weil; Maher, 2005).

Um sistema de produção único como o *just-in-time* conduz a um único sistema de custeio. A organização em células, a redução dos defeitos, do tempo e da fabricação e a entrega de materiais em tempo oportuno possibilitam que a compra, a produção e a venda ocorram de maneira rápida e sucessiva com estoques mínimos. A ausência de estoques faz todos os custos de fabricação de um período irem diretamente para o custo dos produtos vendidos. O termo "custeio *backflush*" refere-se a um sistema de custeio que retarda os registros dos produtos semiacabados até o momento em que aparecem as unidades de produtos acabados; ele utiliza os custos padrão ou orçados para distribuir tardiamente os custos de fabricação às unidades produzidas. Uma prática extrema de tal atraso é aguardar até o momento da venda das unidades acabadas. Em geral, não ocorre registro de produtos semiacabados no custeio *backflush* (Horngren; Foster; Datar, 2000).

Quando os inventários são muito baixos, nem existe a necessidade de prover o fluxo reverso dos custos de mão de obra, material e custos indiretos. O custeio *backflush* é, então, usado para liberar inventário e custear ordens de produção sem a necessidade de registrar manualmente mão de obra, materiais, máquinas e recursos indiretos nas ordens de produção. Pode ser alcançado a partir da multiplicação do número de itens produzidos pelo custo padrão dos recursos requeridos para produzi-los quando os itens estiverem completos, em vez de registrá-los assim que sejam aplicados. Isso reduz o número de transações para manter os dados de custo padrão (Maskell; Baggaley, 2004).

Neste instante, o professor chama atenção para o que vai dizer:

– Nos estágios iniciais da produção enxuta, ou seja, quando a empresa está para se tornar enxuta, a partir da implementação de várias técnicas, como é o caso da Águias Poderosas, o custeio *backflush* é a forma a ser adotada para tratar os custos. Nesses casos, se os custos padrão têm boa acuracidade, utilizar o custeio *backflush* provê uma aproximação razoável do custo dos produtos realizados. Porém, quando as companhias progridem em seu processo de se tornarem empresas enxutas, essa forma de custeio é substituída pelo custeio do fluxo de valor. Isso deverá ocorrer porque, nessa ocasião, os custos não mais serão controlados por ordens de produção, mas sim pelo fluxo de valor em sua totalidade.

A pedido do professor, Paulo, o *controller*, fala da experiência do custeio *backflush* na Águias:

– Nós nos baseamos em um exemplo dado por Horngren, Foster e Datar (2000), acredito que conseguimos resultado análogo em nossa empresa; conseguimos rastrear os estoques no nosso trabalho, que geralmente representa um ambiente *just-in-time*. Antes de abordar nossa experiência com o custo *backflush*, gostaria de fazer um parêntese para informar o conhecimento que adquirimos com a alocação de custos no caso de manufatura celular. Como já conhecido, a alocação volumétrica dos custos indiretos distorce os resultados, fornecendo rateios com critérios volumétricos arbitrários. O custeio ABC com alocações a partir de direcionadores de causa-efeito melhora um pouco esses resultados. Contudo, a utilização das células de produção na fábrica fez com que muito dos custos/despesas indiretas fosse distribuído diretamente em cada célula sem as distorções observadas nos rateios volumétricos, ou mesmo resultantes de direcionadores de custos com pouca relação de causa e efeito.

– Muito boa essa colocação – diz Anatole. – Urge que se resolva uma questão que persiste há mais de cem anos: a precisão dos custos dos produtos e serviços. Abaixo as alocações arbitrárias dos custos indiretos! Isso mesmo. De forma similar à manufatura celular, que consegue capturar muitos dos custos indiretos que atuam nas células como se fossem diretos, no caso do fluxo de valor constituído de uma ou mais células, todos os custos indiretos em cada fluxo de valor são aí registrados no fluxo de valor correspondente, como se diretos fossem. E, assim, restariam pouquíssimos custos indiretos que não podem ser alocados nos respectivos fluxos de valor. Essa é a importante contribuição do custeio do fluxo de valor: a busca pela precisão; uma mudança em relação à era dos rateios que distorcem os custos.

Paulo concorda e prossegue a explanação da experiência na Águias:

– No caso de custos indiretos aplicados em células de produção, utilizamos trabalhos de dois autores que estudaram o tema (Cogan, 1994; Dhavale, 1992). Voltando a falar da nossa experiência com o custeio *backflush*, em vez de relatarmos o fluxo de matéria-prima e produtos semiacabados nas diversas etapas de produção, calculamos os custos dos produtos somente quando eles estão prontos para serem entregues. Acabamos com o registro dos produtos semiacabados. Temos uma listagem de componentes de materiais contidos em cada produto, e com suas quantidades e custos padrão chegamos ao custo final. Os componentes dessa lista também servem para ajustar os estoques automaticamente.

Bueno, *controller* da EZK, outro convidado da turma, retruca inquirindo:

– Já li algo sobre custos *backflush*, e a matéria dizia que havia inconvenientes de eles nem sempre estarem de acordo com os princípios de contabilidade geralmente aceitos e de não deixarem rastros para a auditoria.

Abrindo uma página de um dos manuais clássicos de Contabilidade, Ana Cláudia entra na conversa:

– Vou ler o que nos diz Horngren, Foster e Datar (2000):

"... as contabilizações do custeio *backflush* não se prendem estritamente aos princípios contábeis geralmente aceitos. Por exemplo, produtos semiacabados (um ativo) existem, mas não são reconhecidos no sistema contábil. Porém, os defensores do custeio citam o conceito de materialidade para apoiar essas versões do *backflush*. Eles alegam que, se os estoques estão baixos, ou se seus custos totais não estão sujeitos a mudanças significativas de um período para o outro, o lucro operacional e os custos de estoques apurados em um sistema de custeio não se diferenciarão de maneira relevante quando comparados com os resultados gerados por um sistema que se mantém fiel aos princípios contábeis geralmente aceitos. Suponha que haja diferença relevante no lucro operacional e nos estoques entre um sistema de custeio *backflush* e um sistema de custeio padrão convencional. Poderá ser lançado um ajuste para fazer com que os números do custeio *backflush* satisfaçam às exigências legais de publicação...".

E com relação à questão das pistas para os auditores, Horngren, Foster e Datar (2000) ensinam que "... a ausência de grandes quantidades em estoque de materiais e produtos semiacabados significa que os gestores podem acompanhar as operações por meio de observações pessoais, monitorando por computadores e por medidas não financeiras...".

O professor Anatole prossegue na exposição e diz:

– Por uma questão didática, acho útil apresentar um exemplo adaptado de Weil e Maher (2005) para ilustrar o tratamento, nas empresas *just-in-time*, da questão do custeio *backflush*. A empresa *Alfabeta* possui uma unidade de negócios que iniciou a venda de *kits* para uso na indústria automobilística. O material direto custa R$ 5,00 o *kit*. A companhia recebe uma ordem de 10 mil *kits*, seu único negócio sendo em março. Ela não possuía inventário inicial naquele mês. Os custos de material de R$ 50.000,00 foram incorridos, da mesma forma que os custos de conversão de R$ 94.000,00. Os custos de materiais foram creditados a contas a pagar assim que foram comprados. Dos custos de conversão, R$ 54.000,00 foram creditados a custos indiretos de fabricação e R$ 40.000,00 a salários a pagar, assim que foram incorridos.

O professor Anatole apresenta então mais uma tela à plateia, explicando que ali estão os lançamentos do mês de março, usando o custeio *backflush* e debitando os custos diretamente em custos dos produtos vendidos:

```
Custos dos produtos vendidos..................................50.000,00
         Contas a pagar..................................50.000,00
(Para registrar a compra e uso do material)

Custos dos produtos vendidos..................................94.000,00
         Salários a pagar..................................40.000,00
         Custos indiretos de fabricação..................54.000,00
(Para registrar os custos de conversão)
```

Esse exemplo mostra uma aplicação extrema do *just-in-time* lançando todos os custos de fabricação nos Custos dos produtos vendidos assim que eles incorreram. A empresa não precisa reportar os produtos semiacabados para relatórios externos se não existirem produtos semiacabados no final do período contábil.

Se a *Alfabeta* vendeu todos os 10 mil *kits* e não tem inventários ao final de março, não precisa se preocupar com qualquer escrituração a mais. Considerando, porém, que a empresa tenha tido algum inventário ao final de março, deverá consignar custos a esses inventários. Para demonstrar isso, vamos assumir que a companhia tenha tido os seguintes inventários ao final de março:

- *Inventário em processo:* mil unidades completas em termos de custos de materiais e 40% em termos de custos de conversão.
- *Inventário de produtos acabados:* mil unidades completas, porém, não embarcadas.

A companhia, além disso, computa seus custos de conversão com o valor de R$ 10,00 para cada *kit* completo. Além disso, a companhia incorre em custos de material direto no valor de R$ 5,00 por *kit* no início do inventário em processo. Com base nessas informações, computamos o custo de cada inventário final como segue:

Inventário em processo (1.000 u × R$ 5,00 de materiais) + (40% de estágio de completação × 1.000 u × R$ 10,00 por unidade de custos de conversão) = R$ 5.000,00 + R$ 4.000,00 = R$ 9.000,00.
Inventário de produtos acabados 1.000 u × (R$ 5,00 para materiais + R$ 10,00 para custos de conversão) = R$ 15.000,00.

Tornam-se, então, necessários os lançamentos para reverter (*backflush*) os custos de inventário a partir do custo dos produtos vendidos, conforme o que segue:

> Inventário em processo..R$ 9.000,00
> Inventário de produtos acabados................................R$ 15.000,00
> Custo dos produtos vendidos......................................R$ 24.000,00
> (para registrar inventários)

Se os custos desses *kits* tivessem sido debitados às contas usando o custeio tradicional, deveríamos ter registrado materiais em Inventário de Materiais, quando eles fossem comprados. Assim que a companhia tivesse usado os materiais e incorrido em custos de conversão, esses custos deveriam ter sido registrados em Inventário em processo e em Inventário de produtos acabados, e finalmente em Custo dos produtos vendidos.

Ana Cláudia, sentindo que o professor já tinha encerrado a apresentação, e eufórica com algo que havia descoberto, interrompe abruptamente:

– Vejam só o que consegui! A biblioteca do mestrado de nossa faculdade acaba de adquirir diversos livros importados. Retirei o *Cost Management: Accounting & Control*, que estava folheando enquanto o professor fazia sua explanação. Nele, os autores fazem uma comparação entre lançamentos de diários do custeio tradicional e do custeio *backflush*; que achei muito interessante e gostaria de repassar a vocês (Hansen; Mowen; Guan, 2009):

Lançamentos de custos: tradicional comparado com *just-in-time*

Transação 1: Compra de matérias-primas

Lançamento de diário tradicional		
Inventário de materiais	$ 160.000,00	
Contas a pagar		$ 160.000,00
Lançamento de diário *backflush*		
Matérias-primas e inventário em processo	$ 160.000,00	
Contas a pagar		$ 160.000,00

Transação 2: Materiais retirados para a produção

Lançamento de diário tradicional
    Inventário em processo $ 160.000,00
    Inventário de materiais $ 160.000,00
Lançamento de diário *backflush*
    Nenhum lançamento

Transação 3: Custos de mão de obra direta incorridos

Lançamento de diário tradicional
    Inventário em processo $ 25.000,00
    Salários a pagar $ 25.000,00
Lançamento de diário *backflush*
    Combinado com custos indiretos: veja próximo lançamento

Transação 4: Custos indiretos incorridos

Lançamento de diário tradicional
    Custos indiretos $ 225.000,00
    Contas a pagar $ 225.000,00
Lançamento de diário *backflush*
    Custos de conversão $ 250.000,00
    Salários a pagar $ 25.000,00
    Contas a pagar $ 225.000,00

Transação 5: Aplicação dos custos indiretos

Lançamento de diário tradicional
    Inventário em processo $ 210.000,00
    Custos indiretos $ 210.000,00
Lançamento de diário *backflush*
    Nenhum lançamento

Transação 6: Produtos acabados

Lançamento de diário tradicional
    Inventário de produtos acabados $ 395.000,00
    Inventário em processo $ 395.000,00
Lançamento de diário *backflush*
    Inventário de produtos acabados $ 395.000,00
    Matérias-primas e inventário em processo $ 160.000,00
    Custos de conversão $ 235.000,00

Capítulo 3 – A produção enxuta **65**

Transação 7: Produtos vendidos

Lançamento de diário tradicional		
Custo dos produtos vendidos	$ 395.000,00	
Inventário de produtos acabados		$ 395.000,00
Lançamento de diário *backflush*		
Custo dos produtos vendidos	$ 395.000,00	
Inventário de produtos acabados		$ 395.000,00

Transação 8: Variação reconhecida

Lançamento de diário tradicional		
Custo dos produtos vendidos	$ 15.000,00	
Custos indiretos		$ 15.000,00
Lançamento de diário *backflush*		
Custo dos produtos vendidos	$ 15.000,00	
Custos de conversão		$ 15.000,00

– Bem, pessoal – diz o professor Anatole – essa é a informação que eu gostaria de passar a vocês com relação ao custeio *backflush*, que é, como dizem alguns, o custeio das empresas que utilizam o *just-in-time*. Contudo, é bom que se frise que outras companhias que não utilizam o sistema de produção *just-in-time* também podem usar essa forma de custos. Estou falando de companhias que possuem *lead times* rápidos ou inventários bem estáveis de período a período. Elas podem concluir que utilizar o *backflush* irá reportar números de custos similares aos que seriam reportados com uma abordagem de custeio tradicional.

O professor encerra o dia, passando a Marcos, o gerente geral da Águias Poderosas, que agradece pela palestra e convida para um próximo encontro, quando o tema será contabilidade enxuta. Marcos também aproveita para dizer que o ciclo de palestras será tema de um livro em elaboração pelo professor Anatole.

– O que vimos hoje é o terceiro capítulo do meu livro – completa o palestrante. – Aproveito para pedir que vocês façam sugestões de título para esse material que estou elaborando.

O grupo concorda que é melhor esperar pelo fim do ciclo de palestras, depois de todos os assuntos apresentados e debatidos, a fim de eleger um título que melhor sintetize o conteúdo e atraia um maior número de leitores. Levanta-se o presidente da ORC da região, e também participante da turma:

– O auditório da Ordem Regional dos Contadores continua à disposição dos presentes, tal a importância do tema no cenário brasileiro, e nós da ORC estamos orgulhosos de ser palco de tão importante movimento.

Aldemir acertou, então, com Marcos, que as palestras poderão continuar todas as quartas-feiras, dia mais conveniente ao professor.

– Última informação, pessoal – acrescenta Marcos. – Quem estiver interessado em verificar *in loco* a aplicação de técnicas como células de produção, cinco S (5S), *kanban*, *Seis Sigma*, custeio *backflush*, etc., pode agendar uma visita à nossa companhia, Águias Poderosas, que, como vocês sabem, está em um processo de transformação para uma empresa enxuta, o que nos enche de orgulho.

❖ Resumo

Este capítulo apresenta os fundamentos da produção enxuta para não engenheiros de produção, mas para profissionais contadores e administradores de empresas, entre outros. Além disso, mostra o alicerce do pensamento enxuto, que é constituído pelos cinco princípios fundamentais enunciados por Womack, Jones e Roos (1990), e mostra os sete tipos de desperdícios enunciados por Ohno, que buscam a eliminação de todos os tipos de desperdício, o que é um dos fundamentos da produção enxuta. São também abordadas as diversas técnicas que, associadas, constituem a produção enxuta, como células de produção, *kanban*, *kaizen*, Cinco S (5S), sistema de puxar, *Seis Sigma*, *takt time*, etc. O capítulo apresenta uma forma de custeio pouco conhecida e que vinha sendo utilizada pelas empresas que usavam o *just-in-time*: o custeio *backflush*. Em virtude da sistemática de *puxar* a produção, o custeio *backflush* tende a trabalhar melhor que outros tipos tradicionais de custeio, racionalizando o número de transações.

❖ Questões

A partir do que foi visto neste capítulo, procure responder às questões a seguir:

1. Diferencie produção empurrada de produção puxada. Dê um exemplo.
2. Diferencie produção em massa de produção enxuta.
3. Como você diferencia o sistema de manufatura *just-in-time*, o sistema de manufatura enxuta e o Sistema Toyota de Produção?
4. Explique sumariamente os cinco princípios do pensamento enxuto enunciados por Womack.
5. Ilustre de forma simples a ocorrência de cada um dos sete tipos de desperdícios apresentados por Ohno.
6. Mostre como seria constituído um fluxo de valor do pedido de cliente em uma fábrica de mesas de escritório.
7. O que é célula de produção e como ela se relaciona com o fluxo de valor?
8. Calcule o *takt time* da célula de uma fábrica que produz um modelo de televisão que tem uma demanda média de cliente de 400 unidades/dia. Essa fábrica trabalha em dois turnos de 8 horas cada.
9. Cite alguns sintomas observados nas empresas que mostram a necessidade de uma transformação para uma empresa enxuta.

10. Que cuidados deveriam ser tomados para uma implementação bem-sucedida da produção enxuta nas empresas?
11. Considere a célula de produção da figura que segue e calcule:

    a) O número de unidades produzidas por hora
    b) O tempo da primeira unidade pronta
    c) O tempo da última unidade pronta
    d) O tempo gasto caso se utilize a produção tradicional
    e) A economia de tempo se fosse usada a célula de produção em relação à produção tradicional

12. Explique como funciona o custeio *backflush*.
13. Como se comportam os custos *backflush* em face dos princípios de contabilidade geralmente aceitos?
14. Como se comportam os custos *backflush* com relação às necessidades requeridas pela auditoria?

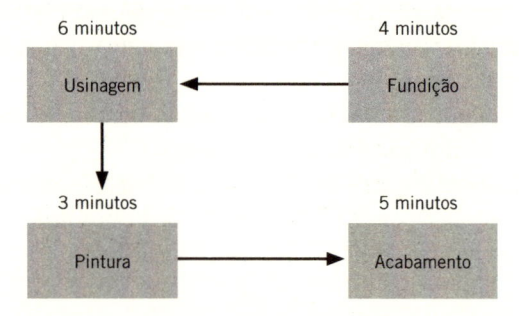

```
  6 minutos              4 minutos
  [Usinagem]  ◄────────  [Fundição]
      │
      ▼
  3 minutos              5 minutos
  [Pintura]   ────────►  [Acabamento]
```

❖ Notas

1. Ver MASKELL, B.; BAGGALEY, B. *Practical lean accounting*: a proven system for measuring and managing the lean enterprise. New York: Productivity Press, 2004.

2. Preparação de máquinas; troca de ferramentas.
3. Montagem do arranjo físico, agrupamento de diversos processos que permitem a produção de um conjunto de produtos similares.
4. Cartão visível para autorizar o suprimento de materiais para uso somente quando são necessários. Ou seja, cartões ou registros visuais que movimentam e controlam a produção.
5. Na hora certa; no tempo certo.
6. Descentralização de poderes pelos vários níveis hierárquicos da organização.
7. Trata-se de um programa que objetiva transformar o ambiente das organizações e a atitude das pessoas, melhorando a qualidade de vida dos funcionários, diminuindo desperdícios, reduzindo custos e aumentando a produtividade das instituições.
8. Ver, entre outros: TOOMEY, J. W. Adjusting management systems to lean manufacturing environments. *Production and Inventory Management Journal*, third quarter, p. 82-85, 1994. KARLSSON, C.; ÂHLSTRÖM, P. Change processes towards lean production: the role of the remuneration system. *International Journal of Operations & Production Management*, v. 15, n. 11, p. 80-99, 1995. MASKELL, B. H. Lean accounting for lean manufacturers. *Manufacturing Engineering*, v. 125, n. 6, 2000. Disponível em: <http://www.sme.org/cgi-bin/find-articles.pl?&00de0046&ME&20001221&&SME&>. Acesso em: 6 maio 2010. NIEPCE, W.; MOLLEMAN, E. Characteristics of work organization in lean production and sociotechnical systems: a case studies. *International Journal of Operations & Production Management*, v. 16, n. 2, p. 77-90, 1996. BOYER, K. K. An assessment of managerial commitment to lean production. *International Journal of Operations & Production Management*, v. 16, n. 9, p. 48-59, 1996. MACCOBY, M. Is there a best way to build a car? *Harvard Business Review*, p. 161-167, Nov./Dec. 1997.
9. Melhoramento contínuo, gradual.
10. É definido como uma ocorrência fora das especificações do cliente.
11. É o total de quantidades de possibilidades de acontecer um defeito.
12. Ciclo de melhoria (*Plan-Do-Control-Act*). Método científico de propor melhoramento contínuo (P- Planejar; Do-Executar; C-Controlar; A-Agir para ajustar). Conhecido como ciclo de Deming.

13. Ver DEMING, W. E. Qualidade: a revolução da administração. Rio de Janeiro: Marques Saraiva, 1990. Segundo Deming, o verdadeiro criador do PDCA foi Walter Shewhart, na década de 1930. Deming utilizou-o na década de 1950, no Japão.
14. Traduzido como custeio do fluxo reverso.

Capítulo 4

Por que contabilidade enxuta?

❖ A problemática da implementação da produção enxuta

Na quarta-feira seguinte, o auditório da ORC está novamente repleto, e o burburinho reinante sinaliza o grande interesse despertado pela palestra do professor Anatole. Depois de saudar a plateia, ele dá início aos trabalhos informando que o tema do dia será a contabilidade enxuta, começando pelas dificuldades de implantação da produção enxuta.

– Em contraste com as operações de produção em massa, uma companhia *lean* enfatiza a eliminação do desperdício, a elevação do *turnover*[1] e a redução dos níveis de inventário. O foco é atingir o menor ciclo de produção possível e produzir somente para atender a demanda do cliente. Os benefícios geralmente são custos menores, produtos de alta qualidade e *lead times* mais curtos. Esses princípios requerem que uma companhia passe de uma organização funcional/departamental para uma organização de trabalhos em células em que todo o processo necessário para fabricar um produto ou linha ocorra próximo um do outro e em sequência. Assim que as companhias implementam a abordagem *lean* na manufatura, os contadores iniciam as muitas práticas de custo padrão que não fazem mais sentido. Um número cada vez maior de negócios está implementando os conceitos de contabilidade enxuta para melhor capturar o desempenho de suas operações.

Como a contabilidade de custo padrão não funciona em uma operação *lean*, uma nova forma de ver os números foi proposta. Em vez de agrupar os custos por departamentos, eles são organizados por fluxo de valor, que inclui tudo o que cria valor para o cliente, que a companhia pode razoavelmente associar a um produto ou linha de produtos.

Ao mudar para a contabilidade enxuta, os contadores podem desejar suplementar os demonstrativos financeiros padrão da companhia com informações que captam os melhoramentos resultantes. A maioria dos contadores irá encontrar a informação de custos de que precisa para preparar os relatórios financeiros *lean* já disponível nos sistemas de contabilidade da companhia (Kroll, 2004).

Assim que a companhia implementa essa abordagem de fazer negócio, seus informes financeiros muitas vezes mostram um temporário golpe na linha de lucratividade, como mão de obra e custos indiretos que mudam da conta de inventário, no balanço patrimonial, para a conta despesa, no demonstrativo de resultados, reduzindo os lucros. Isso significa que os demonstrativos financeiros da companhia podem não refletir os verdadeiros benefícios da fabricação enxuta. A dicotomia da contabilidade de custos padrão em refletir o desempenho reportado representa um desafio aos que desejam apurar acuradamente as finanças de uma fabricação enxuta. Como resultado, o pessoal da contabilidade e da operação, bem como consultores, começam a questionar o papel da contabilidade tradicional de custo padrão.

A fabricação *lean* difere da produção em massa em diversos aspectos. Nessa última, a produção se concentra na eficiência e na utilização da máquina, que pode levar a longas corridas de tempo e a níveis de inventários inchados. Tratar o inventário como um ativo nos demonstrativos financeiros permite que a companhia compare seus custos com as receitas - como o custo

Capítulo 4 – Por que contabilidade enxuta? 73

dos produtos vendidos - quando ele vende o produto. Nas operações *lean*, em que o objetivo é produzir somente para atender a demanda, essa estratégia reduz o inventário a ponto de ser desprezível.

Devido às rápidas mudanças tecnológicas, os cálculos utilizados hoje para valorizar o inventário geralmente não são confiáveis. Historicamente, havia uma tendência a sobrevalorizar o inventário, porque se presumia que ele seria todo vendido ao preço de mercado. Como dizem os simpatizantes do *lean*, os produtos estocados em inventário muitas vezes se tornam obsoletos antes que a companhia os venda. Como resultado, não é raro que sejam vendidos por menos que o valor de mercado.

Os simpatizantes da contabilidade enxuta colocam, também, que as colunas de variações dos custos padrão, como uso de material padrão, taxas padrões de mão de obra, etc., mostradas nos demonstrativos financeiros tradicionais tornam-se quase impossíveis de serem interpretadas por não contadores.

Se os custos padrão não fazem sentido nas operações *lean*, então o que usar? Os simpatizantes dessa técnica propõem uma nova forma de ver os números. Em vez de serem agrupados por departamentos, eles são organizados por fluxo de valor. Entre os custos do fluxo de valor recaem as despesas de projeto, de engenharia, de vendas, de mercado e expedição de um produto, bem como os custos relativos aos serviços ao cliente, à compra de materiais e à coleta dos pagamentos das vendas do produto.

Depois de coletar as receitas e as despesas por fluxo de valor, produz-se um demonstrativo financeiro para cada fluxo. Os custos corporativos, após contabilizados, são mostrados nos relatórios internos dos fluxos de valor. Assim, os empregados que trabalham no fluxo de valor podem controlá-los.

A valorização dos inventários também muda na contabilidade *lean*. Uma vez que o foco é a produção para atender somente as demandas dos clientes, os inventários tendem a ser muito menores do que os das operações de fabricação tradicional. Assim, o demonstrativo simples utilizado inclui uma linha para inventário, e para valorizá-lo bastam poucos minutos. Além disso, nesses demonstrativos financeiros as companhias *lean* incluem muitas vezes dados não financeiros.

É possível os conceitos *lean accounting* serem tão bons para serem verdade? Mesmo seus defensores entendem que existem algumas desvantagens potenciais. Uma delas é o desafio de precificar acuradamente os produtos individuais e determinar a lucratividade quando os contadores analisam o desempenho por fluxo de valor, em vez de por produto. Um exemplo: Como a gerência iria decidir se aceita um pedido para fazer um determinado produto por R$ 20,00? Primeiro, a contabilidade irá olhar para o impacto no fluxo de valor como um todo e irá determinar quanto de material ou de mão de obra irá necessitar. Entretanto, se os cálculos considerarem somente custos diretos adicionais necessários para produzir um pedido e excluirem funções de suporte de fora do fluxo de valor, a lucratividade da companhia poderia ser indeterminada devido à falha na consideração dos custos indiretos. Para evitar isso, a companhia precisa determinar se o produto irá somente fazer dinheiro, ou se também atingirá uma taxa de retorno que cobrirá tanto os custos dentro do fluxo de valor quanto os fora dele.

Se praticada com rigor, a abordagem *lean* pode enfatizar a velocidade e a qualidade quase sem preocupação com os custos. Por exemplo, máquinas que estampam peças de metal frequentemente têm *lead times* de até vários dias, se não aplicarem um conceito *lean*. Simplesmente reorganizando e melhor programando seu trabalho, os empregados muitas vezes podem reduzir o *lead time* para menos que uma hora. Daí, decrescer os minutos ou os segundos geralmente significa investir em nova máquina. Contudo, não se deve aplicar o *lean* cegamente. Deve-se olhar para os custos. Rapidez nem sempre é a melhor solução.

Por fim, uma das mais significativas preocupações concernentes à contabilidade enxuta é a de se ela atende aos princípios contábeis geralmente aceitos. Seus defensores dizem que não somente os demonstrativos financeiros atendem os requerimentos desses princípios, como realmente, mais de perto, seguem o espírito dos princípios contábeis geralmente aceitos, pois são mais fáceis de serem entendidos. Em suma, a contabilidade enxuta simplesmente apresenta os demonstrativos em uma forma mais simples e mais fácil de ser seguida.

Visto que a contabilidade tradicional é projetada para suportar a produção em massa, muitas de suas suposições contradizem a manufatura *lean*. Como consequência, os contadores podem desejar negócios com operações *lean*, sendo que, para tal, torna-se necessário implementar conceitos de contabilidade alternativa para melhor captar seu desempenho.

Quando se trabalha com números, o objetivo é alocar inteiramente os custos com precisão e centros de custos estáveis. Em contraste, o *lean* foca uma contabilidade de custos que é razoavelmente acurada. O objetivo não é uma alocação perfeita de custos, mas sim uma relativa medida de acuracidade para eles (Kroll, 2004).

Marcos aproveita a pausa feita pelo professor para um gole de água, levanta-se repentinamente e diz em voz alta:

– Professor, gostaria de apresentar o caso de nossa empresa, que desenvolveu um audacioso programa para se tornar uma empresa *lean* em busca de uma qualidade mais alta, de menores custos e de melhores serviços aos clientes.[2] Obviamente, nosso objetivo é eliminar todas as despesas desnecessárias e ultrapassar nossos concorrentes em termos de produtividade e eficiência. Durante os primeiros seis meses, a Águia, cuja receita anual total foi de cerca de R$ 50 milhões, obteve importantes ganhos operacionais. Tanto o *lead time* aos clientes quanto o desempenho em termos de tempo de entrega melhoraram de forma significativa. Nos seis meses seguintes, o desempenho operacional continuou a mostrar ganhos expressivos, e o vice-presidente de operações estava feliz. Enquanto isso, o serviço ao cliente fez significativos progressos, e com maior eficiência a companhia foi capaz de reduzir o número de empregados de mão de obra direta envolvidos na produção. A economia de pagamento do pessoal envolvido na operação chegou a 20%. Entretanto, o vice-presidente financeiro do grupo estava vendo uma imagem radicalmente oposta. Durante os mesmos meses iniciais, ele não viu ganho financeiro. As vendas estavam niveladas, e os custos não declinaram. Durante o segundo semestre do ano, as receitas reais da Águias caíram 15%, e os lucros também tiveram importante declínio. O vice-presidente financeiro estava confuso. As previsões de vendas eram encorajadoras, e o pessoal de operações falava de economias significativas. O que aconteceu? Paulo, nosso *controller*, e eu estamos perdidos tentando explicar essas disparidades não só para o conselho como para os investidores externos.

Marcos faz uma breve pausa antes de continuar:

– Nós gastamos meses tentando gerar resultados melhores. Anteriormente, a companhia tinha deliberadamente mantido seu inventário em níveis altos para assegurar que o cliente fosse bem servido. Só que agora nos parecia uma boa medida cortar inventário, algo que o Paulo acreditava que iria conduzir a ganhos financeiros. E com menos inventário, nós achávamos que iríamos ter mais dinheiro em caixa. Também confiávamos que a melhor qualidade traria benefícios em termos de menores custos de materiais. No entanto, apesar de a produtividade e a eficiência estarem mais altas, os lucros da Águias Poderosas permaneceram mais baixos do que antes de começar a transição para o *lean*. O retorno sobre as vendas caíram de 5% para zero. Agora, o presidente e o vice-presidente financeiro do grupo estão querendo interromper o nosso programa *lean* e voltar à produção em massa. Eles simplesmente não estão aguentando novas surpresas, não obstante o sucesso dos esforços feitos.

Agora é Anatole quem interrompe, dizendo:

– Pessoal, o exemplo da Águias Poderosas, como Marcos tão bem relatou, não é diferente do de outras empresas que implementaram a produção enxuta contam. A transição para a produção *lean* leva tempo e está cheia de obstáculos. Uma das maiores dificuldades, e a mais previsível, é a crise de confiança que ocorre quando o gerenciamento não é capaz de melhorar o desempenho financeiro de forma suficientemente rápida. Quando os números caem muito em relação às expectativas internas e externas, ou os gerentes tentam modificar as iniciativas *lean*, ou então as abandonam. Os gerentes precisam se antecipar a esse desafio e entender que as medições tradicionais do desempenho financeiro irão declinar antes de crescer a novas alturas. Isso precisa ser explicado a todos para que se evite o cancelamento do programa. Para ajudar os gerentes a ultrapassar os obstáculos financeiros no caminho para o *lean*, foram desenvolvidas novas ferramentas para antecipar a deterioração do desempenho financeiro, que invariavelmente ocorre assim que a produção em massa se torna *lean*, e para entender os melhoramentos em relação ao desempenho atual que acontece nesse período. Essa abordagem envolve a troca do atual sistema tradicional de contabilidade por um novo sistema transparente de contabilidade para rastrear os fluxos de valor da companhia, que incorporam todas as atividades que agregam e não agregam valor e que são requeridas para conduzir o produto, ou serviço, do início ao final. Esse sistema foi projetado para ajudar as companhias a resistir à pressão de mostrar resultados que sejam consistentes com os níveis históricos do ambiente da velha produção em massa.

❖ O problema do desempenho financeiro

Anatole faz uma pausa, toma fôlego e continua:

– Pergunto a vocês: o que será que ocorre com o desempenho financeiro de uma companhia em sua transição de uma produção em massa para a produção *lean*? Antes que Marcos repita o que acabou de falar sobre a implementação na Águias, afirmo que em uma companhia típica as técnicas do gerenciamento *lean* geram uma mistura de boas e más notícias, tanto externa quanto internamente. Alguns dos mais significativos desenvolvimentos envolvem os melhoramentos operacionais que afetam os clientes. Os *lead times* para prover produtos ou serviços para os clientes diminuem, e as entregas melhoram em tempo. Essas mudanças são boas para os clientes, mas pela perspectiva de vendas afetam o comportamento dos clientes de forma negativa no curto prazo, pois eles compram menos (passam a fazer seus pedidos mais próximos da época em que vão precisar dos produtos, e assim podem reduzir seus estoques de segurança), resultando em reduções de receitas (Cooper; Maskell, 2008). O resultado é um declínio temporário nos lucros que continua até que os inventários dos clientes estejam baixos. Obviamente, isso só acontece no curto prazo. Contudo, o setor administrativo das empresas exige resultados imediatos.

Consideremos o que aconteceu na Giorni Inc.[3] nos primeiros três anos da transformação *lean*. A companhia eliminou a maioria das esperas dos processos de produção, o que levou a uma redução do inventário de 10 semanas para cerca de uma semana. Ao mesmo tempo, em virtude de melhoramentos de segurança e qualidade, a percentagem do tempo de entrega aos clientes melhorou de 76% para 98%.

Assim que os clientes perceberam a realidade do melhoramento dos *lead times* e do desempenho no tempo de entrega dos produtos, passaram a alterar seus hábitos de compras, reduzindo seus inventários *in loco*.

Uma vez que esses inventários de segurança muitas vezes representam tanto quanto dois meses e meio (ou 20%) das necessidades anuais dos clientes, cortá-los para baixo pode trazer um significativo impacto nas vendas. Embora a Giorni pudesse ver somente uma modesta queda nas receitas (geralmente em torno de 12%, e em seis meses 10%), seus lucros caíram bem mais (cerca de 20% a 40%). O contraste é tal que, internamente, o que se observa é um formidável melhoramento no desempenho das operações. Isso se reflete na redução do tempo do ciclo e, também, na menor necessidade de inventários em processo. Assim que o tempo de ciclo diminui, a companhia pode mudar da produção *empurrar* (produção à frente dos pedidos dos clientes) para a produção *puxar* (produção de acordo com a demanda). Em resposta, a necessidade de produtos acabados faz o inventário cair de meses para dias de produção. Assim que os inventários caem, a boa notícia é que o fluxo de caixa da operação melhora drasticamente assim que os inventários desnecessários são vendidos. A má notícia é que a maioria dos sistemas de custos aloca os custos fixos aos produtos que são fabricados durante o período. Quando os níveis de vendas excedem os níveis de produção (consequência do declínio dos inventários), os custos fixos que foram previamente capitalizados no balanço patrimonial precisam ser adicionados aos custos fixos para os produtos que foram produzidos e vendidos no período. Conclusão: quando os níveis do inventário caem, os custos totais fixos que são incorporados aos demonstrativos de lucros e perdas incluem alguns dos períodos anteriores, e, assim, excedem os custos fixos anuais de fabricação, reduzindo os lucros. O exemplo da Giorni é expressivo: os tempos de ciclo caíram de 10 semanas para uma semana, os níveis de inventários caíram de 150 dias para cerca de 20 dias. Esses melhoramentos são típicos das conversões de uma produção em massa para uma enxuta.

Essas reduções de inventários e seus efeitos não são ocorrências pontuais. As companhias se tornam mais experientes com os métodos *lean*, e reduções contínuas de inventários ocorrem até que níveis maduros de inventários *lean* sejam alcançados. Em geral, as reduções começam a ter um impacto perto dos primeiros 12 meses da transformação *lean*. Não é incomum, nas transições da produção de massa para *lean*, haver uma redução de 60% a

80% nos níveis de inventários após um período de quatro a cinco anos. Essas reduções de inventários podem decrescer os lucros da companhia de 25% a 50%; e com ambas as formas de redução de inventários ocorrendo ao mesmo tempo (inventário de produtos acabados e inventário em processo), o lucro pode decrescer de 50% a 100% (Cooper; Maskell, 2008).

Por que o desempenho financeiro não acompanha o desempenho operacional?

Apesar das implicações financeiras adversas, uma transição bem-sucedida ao *lean* sempre traz duas modificações positivas: o crescimento significativo da produtividade por empregado e a melhoria na capacidade dos equipamentos. Voltando à Giorni Inc., durante as transformações para *lean*, a companhia aumentou sua produtividade de mão de obra em 1,5% a 2% ao mês. Isso representa um acréscimo de produtividade de 36% a 48% em um período de dois anos.

Esses ganhos de produtividade se aplicam por inteiro na força de trabalho, e não somente na mão de obra direta. Os melhoramentos de produtividade, por sua vez, se somam à capacidade produtiva da companhia. Essas mudanças deveriam ser boas. Entretanto, ter vantagens por conta desses melhoramentos no curto prazo é difícil, se não impossível, por duas razões: primeiro, as companhias *lean* não estão em uma boa posição para reduzir seu número de empregados; segundo, as companhias não podem encontrar rapidamente outros meios de usar a nova capacidade que foi criada.

Ou seja, no curto prazo, nada de novo acontece na lucratividade da empresa; os melhoramentos nos lucros e as perdas da empresa representam apenas uma miragem. E por que isso? Obviamente, desligar funcionários não é uma opção recomendada na transição *lean*, uma vez que esta requer considerável envolvimento por parte da força de trabalho; afinal, as pessoas são polivalentes no desempenho de múltiplos papéis. Para estimular as mudanças, o gerenciamento sênior sinaliza segurança no emprego a toda força de trabalho. Existe um receio de que os melhoramentos posteriores de produtividade não se materializem caso os empregados acreditem que os ganhos de produtividade levariam a mais desempregos. Assim, os empregados não necessários, nesse instante, são transferidos para outras tarefas, não significando que houve melhorias nos resultados. O mesmo pode-se dizer com relação à capacidade de equipamentos ociosos em função dos melhoramentos introduzidos. Obviamente, no longo prazo, a empresa poderá melhor utilizar essa mão de obra e capacidade sobressalentes. Cooper e Maskell (2008) exemplificam que o Hospital Metodista de Minneapolis manteve o grupo de trabalho, muito embora obtivesse um rápido processo de melhoramento em sua clínica de endoscopia, e isso na ordem de 100%. Hoje, a clínica é capaz de atender o dobro de pacientes que atendia antes, sendo que os pacientes gastam menos tempo na clínica, e os médicos e enfermeiras dedicam mais tempo para cada paciente.

Como lhes falei – continua Anatole –, o resultado da capacidade adicional das companhias criadas a partir de ganhos de produtividade pode não ser usado para outros objetivos no curto prazo, em parte pelo fato de as companhias precisarem manter um ambiente de produção estável. Em muitos casos, além disso, leva tempo para encontrar oportunidades para o crescimento. Estabilidade é importante nas transições *lean* porque o fluxo de trabalho tem de ser padronizado; e se o volume do pedido for aumentando rapidamente, como, aliás, costuma acontecer, é importante ter capacidades, tanto de pessoal quanto de equipamentos, com certa folga. Os grupos de transição esperam cerca de 18 meses antes de tentar aumentar os volumes de vendas, mesmo acreditando que têm capacidade sobressalente. Isso dá, às forças de trabalho, tempo para reconhecer que a capacidade adicional não é uma pequena falha e, aos clientes, confiança de que os ganhos de desempenho irão continuar.

❖ As vantagens da contabilidade do fluxo de valor

Todos sabem que o mercado de ações pune impiedosamente os pobres desempenhos financeiros. Quando os resultados financeiros são piores que o esperado, muitos executivos desejarão ter fortes evidências de que ir para o *lean* foi a decisão correta e de que o melhoramento no desempenho financeiro ainda está por vir. Sem tais evidências, alguns irão perder confiança e exigirão que a iniciativa para empresa enxuta seja dissolvida.

Para ajudar as companhias a gerenciarem a crise de confiança que poderia envolvê-las em uma crise financeira muito maior, foi desenvolvida uma metodologia para reportar o desempenho financeiro durante a transição *lean*, de forma tal que o valor potencial dos vários melhoramentos de desempenho seja claramente visível. O método, ao qual já fizemos diversas referências, é o da contabilidade do fluxo de valor, que permite ao gerenciamento sênior manter sua confiança no *lean*. Essa abordagem tem a vantagem de ser aplicada em um ambiente simples da empresa *lean*, no qual costumam existir somente alguns fluxos de valor.

É bom que façamos, mais uma vez, um parêntese para dizer que a contabilidade de fluxo de valor também tem sido largamente aplicada aos negócios de serviços, incluindo hospitais, bancos e companhias financeiras.

Pode parecer estranho criar uma nova abordagem de custeio para ajudar os gerentes a entenderem os maus tempos em desempenho financeiro. Entretanto, os sistemas de custos convencionais próprios dos ambientes de produção em massa não podem explicar, no caso das empresas *lean*:

1. o que causa o decréscimo dos lucros;
2. quantas companhias estão aptas a se beneficiar de ser *lean*.

O problema principal é que o sistema tradicional de custos não mapeia os custos dos fluxos de valor – em vez disso, ele os liga aos processos de entrega de produção ou serviço e, depois, aos produtos. Em outras palavras, os sistemas de custos tradicionais não veem os processos de entrega da produção ou serviço como um fluxo integrado ao longo do fluxo de valor. As companhias *lean* organizam seus fluxos de valor em torno de famílias de produtos (por exemplo, uma companhia de consumo eletrônico pode ter um fluxo de valor para aparelhos de CD e outro para aparelhos de DVD), com cada família de produto seguindo um caminho de produção similar. Os fluxos de valor geralmente possuem uma ou mais células de produção dedicadas, que produzem produtos ou submontagens um a cada tempo, desde a matéria-prima até os produtos acabados.

Para manter a disciplina do *lean*, tanto os ativos físicos quanto as pessoas são direcionados para um fluxo de valor específico. Os ativos físicos são de tamanho tal que têm bastante capacidade de suportar um fluxo de valor simples. A força de trabalho é treinada para desempenhar muitas tarefas, não somente tarefas específicas. Em consequência de os ativos físicos e da força de trabalho serem dedicados a cada fluxo específico, não existe a necessidade de haver alocação de custos indiretos. Dessa forma, todos os custos dos recursos são medidos em seu fluxo de valor. A única grande exceção é o espaço do chão de fábrica, que pode ser alocado com base no metro quadrado.

A contabilidade do fluxo de valor com apenas custos diretos permite a criação de demonstrativos de resultados mais simples, que podem ser lidos e entendidos por quase qualquer um no negócio. Esses demonstrativos financeiros simples podem facilitar a transição da companhia e mostrar como os melhoramentos se apresentam na lucratividade da empresa.

Na Giorni Inc., o diretor financeiro conseguiu superar sua posição com a transição *lean* e abraçou o custeio do fluxo de valor. O primeiro passo envolveu o desenvolvimento dos demonstrativos financeiros simples para toda a companhia. Os novos demonstrativos foram um sucesso imediato. Sem recorrer a padrões, variações ou ideias contábeis opacas, eles mostram como e quando o dinheiro foi gasto durante o período. Em vez de requerer gerenciamento para gastar tempo decifrando os números, os demonstrativos apontaram ao gerenciamento as ações que eles precisavam tomar.

Por exemplo, o demonstrativo de lucros e perdas simples da produção enxuta isolou o impacto do lucro de uma grande redução em inventário da lucratividade do fluxo de valor. Como vocês podem ver nesta lâmina, a tabela mostra que a companhia fez um lucro operacional de R$ 3.758.000,00, com receitas de R$ 18.020.000,00.

Em contraste, no demonstrativo de lucros e perdas do custo padrão tradicional (Tabela 4.2), o único número reportado foi uma perda de R$ 8.000,00 que obscureceu totalmente o lucro da operação para o mesmo período. A Tabela 4.2 representa o demonstrativo tradicional de lucros e perdas, enquanto a Tabela 4.1 representa o demonstrativo simples de lucros e perdas característico das orga-

Tabela 4.1

Demonstrativo simples de lucros e perdas para o ano findo em 31/12/2009

Giorni Inc.

Receita	R$ 18.020.000,00
Custos de materiais	R$ 5.970.000,00
Custos de empregados	R$ 3.200.000,00
Processo externo	R$ 1.342.000,00
Outros custos de conversão	R$ 2.420.000,00
Facilidades	R$ 928.000,00
Despesas de vendas, gerais & administrativas	R$ 402.000,00
Lucro operacional	R$ 3.758.000,00
Inventário anterior	R$ 10.512.000,00
Inventário atual	R$ 6.922.000,00
Ajuste de inventário	(R$ 3.590.000,00)
Custos indiretos corporativos	R$ 176.000,00
Lucro líquido	(R$ 8.000,00)
Retorno das vendas	0%

Fonte: Adaptada de Cooper e Maskell (2008).

nizações em seu período de transição para a produção enxuta. A análise das duas tabelas mostra que, em ambos os demonstrativos, foi reportada a mesma receita, e foi obtido o mesmo relatório de lucro líquido e retorno sobre as vendas.

– Como já disse – prossegue Anatole –, o demonstrativo simples mostra um lucro de R$ 3.758.000,00 e uma perda de R$ 8.000,00 após o ajuste da redução de inventário (observe que essa redução de inventário é resultado de melhoramentos operacionais, mas que, no curto prazo, mascara o lucro operacional obtido). Esse demonstrativo é de fácil entendimento de todos. Ao final do demonstrativo simples com o lucro operacional bem explícito, aí sim fazemos o ajuste de inventários do início e do fim do período. Enquanto isso, o demonstrativo de lucros e perdas tradicional mostra uma perda de R$ 8.000,00. Além disso, ele requer um entendimento sofisticado de custeio padrão e análise de variações, o qual é de difícil compreensão por parte dos não contadores.

Tabela 4.2
Demonstrativo de lucros e perdas tradicional para o ano findo em 31/12/2009
Giorni Inc.

Receita	R$ 18.020.000,00
Custos dos produtos vendidos	R$ 12.353.000,00
Lucro bruto	R$ 5.667.000,00
Variação do preço de compra	(R$ 57.000,00)
Variação de uso de material	R$ 1.553.000,00
Variação de uso de mão de obra	R$ 927.000,00
Variação de absorção de custos indiretos	R$ 2.850.000,00
Despesas de vendas, gerais & administrativas	R$ 402.000,00
Custo total	R$18.028.000,00
Lucro líquido	(R$ 8,000,00)
Retorno das vendas	0%

Fonte: Adaptada de Cooper e Maskell (2008).

Um sorriso de indisfarçável alegria brota no rosto de Marcos, que diz:

– Sensacional, professor! Não vejo a hora de termos na Águias Poderosas fluxos de valor e seus demonstrativos simples de lucratividade. Eles são de fácil entendimento, não têm as complicadas variações que somente os contadores compreendem e, o melhor de tudo, podem mostrar as melhorias obtidas com a produção enxuta, separando o que seria perda (com a redução do inventário), mas que na realidade é ganho!

– Calma, calma... – pede Anatole. – Isso não é tudo, Marcos. Temos, ainda, a questão da queda dos estoques do cliente, que agora confia que entregamos rapidamente e resolve, então, adiar as vendas.

– Assim que os clientes começam a reduzir seus níveis de inventário, necessariamente adiam as vendas. Existem diversas maneiras de medir vendas adiadas. A mais simples é estimar a tendência de vendas de períodos recentes para entender o que irá acontecer no futuro. Entretanto, é possível criar estimativas mais acuradas pela intervenção de clientes representativos e por determinar como eles mudam seus comportamentos de compras. Assim, é importante ter uma estimativa razoável de que receita iria ocorrer caso os clientes não estivessem diminuindo seus estoques de segurança.

Uma vez que o gerenciamento determina o ajuste da receita, pode ser estimado o custo correspondente. O custeio do fluxo de valor o faz de forma relativamente fácil para estimar o impacto, nos lucros e nas perdas, do efeito das perdas de vendas. Todos os produtos que são manufaturados no fluxo de valor pertencem a uma mesma família e têm similar econômico. Entretanto, é possível identificar como o produto médio consome os recursos. Dividindo o ajuste de receita pelo preço de vendas do produto médio, determina-se o volume das vendas adiadas em unidades (Cooper; Maskell, 2008). Decompondo em fatores, os custos variáveis do produto médio pelo número de unidades resultam nos custos antecipados incrementais das vendas adiadas. Em geral, a mão de obra é considerada fixa (sobretudo quando os trabalhadores sabem que continuarão empregados), assim como o são as máquinas e os custos das facilidades. Espera-se que somente materiais, utilidades e custos de processamento externos variem. Poucos custos são variáveis com a mudança que estamos discutindo (à exceção dos materiais) e, assim, quase todas as receitas irão para lucros e perdas, o que explica o porquê de o impacto das vendas perdidas nos lucros ser tão alto. A Tabela 4.3, comparada com a Tabela 4.1, mos-

Tabela 4.3

Se as vendas não forem reduzidas, um lucro deveria ser reportado para o ano findo em 31/12/2009

Giorni Inc.

	Demonstrativo de resultados ajustado para redução de vendas	Ajuste para redução temporária de vendas
Receita	R$ 21.240.000,00	R$ 3.220.000,00
Custos de materiais	R$ 7.719.000,00	R$ 1.749.000,00
Custos de empregados	R$ 3.200.000,00	
Processo externo	R$ 1.596.000,00	R$ 254.000,00
Outros custos de conversão	R$ 2.493.000,00	R$ 73.000,00
Facilidades	R$ 928.000,00	
Despesas de vendas, gerais & administrativas	R$ 402.000,00	
Lucro operacional	R$ 4.902.000,00	
Inventário anterior	R$ 10.512.000,00	
Inventário atual	R$ 6.922.000,00	
Ajuste de inventário	(R$ 3.590.000,00)	
Custos indiretos corporativos	R$ 187.000,00	R$ 11.000,00
Lucro líquido	R$ 1.125.000,00	
Retorno das vendas	5,3%	

Fonte: Adaptada de Cooper e Maskell (2008).

tra o ajuste feito para a redução temporária de vendas. Essa tabela mostra que o lucro seria de R$ 1.125.000,00, com um retorno sobre as vendas da ordem de 5,3%, considerando, obviamente, que não houvesse a redução de receita em função das vendas que o cliente adiou. A Tabela 4.4 mostra que se, além disso, os inventários não tivessem sido reduzidos, a lucratividade seria de R$ 2.518.000,00, e o retorno sobre as vendas, de 11,8%. Esses bons resultados foram, contudo, mascarados pelas ações conjuntas dos inventários interno e externo (estoque dos clientes) que foram reduzidos, tendo como consequência uma nova política aplicada pelo cliente: adiar vendas.

Tabela 4.4

Se o inventário não fosse reduzido, os lucros seriam bem maiores para o ano findo em 31/12/2009

Giorni Inc.

	Demonstrativo de resultados ajustado para mudança de vendas & inventário	Ajuste para redução de inventário
Receita	R$ 21.240.000,00	
Custos de materiais	R$ 9.557.000,00	R$ 1.838.000,00
Custos de empregados	R$ 3.200.000,00	
Processo externo	R$ 1.890.000,00	R$ 294.000,00
Outros custos de conversão	R$ 2.558.000,00	R$ 65.000,00
Facilidades	928.000,00	
Despesas de vendas, gerais & administrativas	402.000,00	
Lucro operacional	R$ 2.705.000,00	
Inventário anterior	R$ 10.512.000,00	
Inventário atual	R$ 10.512.000,00	(R$ 3.590.000,00)
Ajuste de inventário	R$ 0,00	
Custos indiretos corporativos	R$ 187.000,00	
Lucro líquido	R$ 2.518,000,00	
Retorno das vendas	11,8%	

Fonte: Adaptada de Cooper e Maskell (2008).

Caso fosse utilizado o demonstrativo de resultados da contabilidade tradicional, esses bons resultados, fruto dos melhoramentos da transição da produção em massa para a enxuta, seriam distorcidos e mostrariam um quadro ruim.

A lucratividade do fluxo de valor, se não houver mudanças no inventário, pode ser calculada usando a mesma abordagem desenvolvida para adiar as vendas, caso da Tabela 4.4. Uma vez que se determina a receita da venda dos produtos no inventário, identificam-se os custos variáveis associados, que são então adicionados aos custos do fluxo de valor.

❖ Resumo

O capítulo busca as razões da necessidade de uma contabilidade para as empresas enxutas, uma vez que a contabilidade de custo padrão não se aplica à operação enxuta. Assim, propõe-se uma nova forma de ver os números: em vez de agrupar os custos por departamentos, organizá-los por fluxo de valor, o que inclui tudo que cria valor para o cliente, que a companhia pode razoavelmente associar com um produto ou linha de produtos.

O capítulo mostra que três tipos de problema afetam a lucratividade da empresa em transição para a empresa enxuta:

1. Quando os níveis de inventário se reduzem, os custos totais fixos que são incorporados aos demonstrativos de lucros e perdas incluem alguns de períodos anteriores, e assim eles excedem os custos fixos anuais de fabricação, reduzindo os lucros.
2. Além de reduzir os inventários drasticamente, a percentagem do tempo de entrega aos clientes também cai sensivelmente. Assim que os clientes percebem a realidade do melhoramento do *lead time* e do desempenho no tempo de entrega dos produtos, passam a alterar seus hábitos de compra, reduzindo seus inventários *in loco*, adiando as vendas.

3. A produtividade por empregado aumenta significativamente, e a capacidade dos equipamentos também melhora. Esses ganhos de produtividade, contudo, não podem ser aproveitados no curto prazo.

❖ Questões

A partir do que foi visto neste capítulo, procure responder às questões a seguir:

1. Por que a contabilidade tradicional de custos padrão não funciona em uma empresa enxuta? (O que faz o pessoal da contabilidade e das operações, bem como os consultores, questionar o papel da contabilidade tradicional de custo padrão?)
2. Por que os cálculos usados para valorizar inventário geralmente são errôneos no ambiente atual de mudanças rápidas da tecnologia?
3. Por que, historicamente, existia uma tendência a sobrevalorizar o inventário? E o que isso acarreta?
4. Por que os inventários na produção enxuta tendem a ser muito menores do que os na produção em massa tradicional?
5. A contabilidade enxuta atende os princípios contábeis geralmente aceitos? Por quê?
6. Por que a redução do inventário na manufatura enxuta reduz, no curto prazo, sua lucratividade?
7. Por que, quando a empresa está em transição para se tornar enxuta, seus clientes adiam as vendas?
8. Por que os ganhos de produtividade, em termos de pessoal, não se refletem no aumento da lucratividade no período de transição para empresa enxuta?
9. Por que os ganhos de produtividade, em termos de capacidade, não se refletem no aumento da lucratividade no período de transição para empresa enxuta?

10. Observe as Tabelas 4.1 e 4.2 e explique as vantagens do demonstrativo financeiro simples sobre o demonstrativo tradicional.

❖ Notas

1. É uma medição do número de vezes que o inventário de uma companhia gira durante um dado período de tempo.
2. Adaptado de COOPER, R.; MASKELL, B. How to manage trough worse-before-better. *MIT Sloan Management Review*, v. 49, n. 4, p. 58-65, 2008.
3. Nome fantasia da empresa visitada pelo professor Anatole em sua recente viagem aos Estados Unidos.

Capítulo 5

O custeio do fluxo de valor

Custeio de fluxo de valor é o tema da quarta-feira seguinte. Fundamental para quem pretende adotar a contabilidade enxuta, diante das complexidades do custeio ABC tão em voga nos anos 1980 e 1990, esse método é bem mais simples. Exige, inicialmente, o que se chama de mapeamento do fluxo de valor, sobre o qual o professor Anatole faz uma breve introdução.

❖ Mapeamento do fluxo de valor

– O mapeamento do fluxo de valor, explica o professor Anatole, é um bom método para diagramar um processo, identificar e quantificar desperdícios e procedimentos não apropriados, como superprodução, espera e movimentos desnecessários, entre outros. O mapeamento do fluxo de valor foi desenvolvido para mapear e analisar os processos de produção, especialmente fluxo de lotes e de processos. Deve-se observar, ao fazer o mapeamento, que o fluxo de valor é constituído de todas as atividades, tanto as que agregam valor quanto as que não agregam. Naturalmente, essa análise do fluxo permite que se identifique o que não adiciona valor nem para o cliente nem para o negócio.

Neste momento, o professor Anatole faz uma breve pausa para projetar a primeira lâmina da tarde.

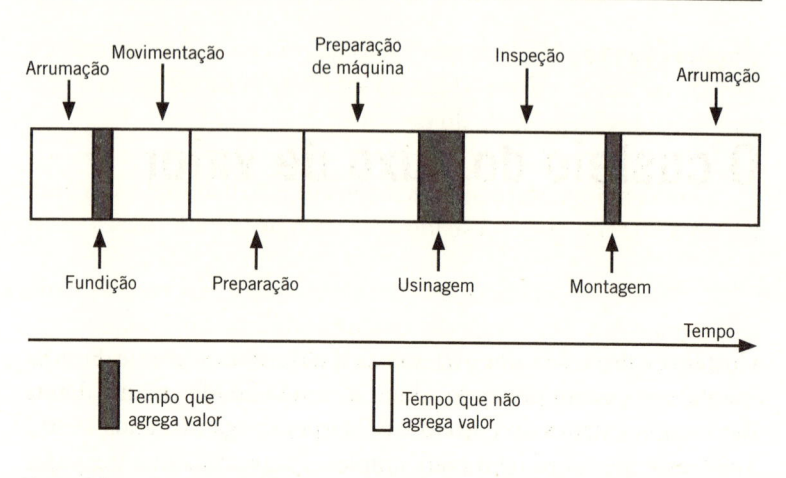

Figura 5.1

Mapa simplificado do fluxo de valor para um processo de produção.
Fonte: Yang (2008).

– Vejam nesta tela um mapa simplificado de um processo de produção. Com base na definição dos sete desperdícios, observa-se que arrumação, movimentação, preparação de máquina e inspeção são atividades que não agregam valor; enquanto fundição, usinagem e montagem agregam. Nessa figura, o comprimento horizontal de cada atividade é proporcional ao tempo requerido para executar a atividade. O tempo total de duração do início do processo até o final é chamado de *lead time* do processo. Pode-se observar, de forma bem clara, nesse exemplo, que o tempo que agrega valor é uma porção pequena do *lead time*. Esse simples mapa de fluxo de valor identifica e quantifica, no processo, os desperdícios que ocorrem, e dá as informações para que se melhore o processo. Naturalmente, essa melhoria passa pelo esforço de conseguir encurtar o tempo que não agrega valor. Esse mapa de fluxo de valor simples também pode ser utilizado para a análise de um processo de atividades de serviço. Em muitos sistemas de produção existem grandes quantidades de desperdícios no processo. A razão entre o tempo que agrega valor e o total do *lead time* pode ser usada como uma medida de eficiência do processo.

Marcos comparece com a sua interrupção habitual, mais uma vez para falar do que está sendo feito na Águias Poderosas.

– Professor!, chama ele. – Em nossa trajetória a caminho de nos tornarmos uma empresa enxuta, estamos hoje implementando o conceito de fluxo de valor. Já até identificamos diversos fluxos de valor em nossa empresa, e o mapeamento desses fluxos é imprescindível. Para tanto, nosso engenheiro industrial, David Marronte, participou, em São Paulo, no final do ano passado, de um treinamento sobre como fazer o mapeamento do fluxo de valor. E, liderados por ele, estamos implementando isso na empresa. O que eu queria dizer, professor, e levando em conta o que o nosso engenheiro falou, é que o mapeamento do fluxo de valor é uma ferramenta fundamental para a produção enxuta e para as empresas enxutas. Entusiasmado, Marcos começa a discorrer sobre os objetivos do mapeamento: capacitar os envolvidos a enxergar o fluxo de materiais, informações e, por vezes, caixa, a partir do fluxo de valor. Ele explica que as companhias tradicionais muitas vezes têm pouco entendimento do fluxo de materiais ou informação sobre seus processos, porque os caminhos tomados pelos produtos e processos são confusos e difíceis de reconhecer. Assim, o mapeamento do fluxo de valor acaba sendo o ponto de partida tanto para a fabricação enxuta quanto para a contabilidade enxuta (Maskell; Baggaley, 2004). O objetivo é mostrar o uso dos mapas de fluxo de valor dentro da contabilidade enxuta, e a informação adicional é necessária nos mapas para completar o retrato da contabilidade enxuta. As medições de desempenho são estabelecidas em torno dos fluxos de valor e de suas células de produção, bem como dos caminhos administrativos. O impacto financeiro do melhoramento enxuto é calculado sobre o mapa do fluxo de valor da situação atual, e também sobre as propostas de melhoramentos feitas nele para a obtenção do mapa do fluxo de valor futuro. Vendas, operações e planejamento financeiro são alcançados a partir dos fluxos de valor e de mapas associados. As organizações enxutas usam mapas de fluxo de valor como documentos vivos, capacitando a um melhoramento contínuo, incluindo a contabilidade enxuta. O mapeamento que vimos na figura mostrada pelo professor Anatole – prossegue Marcos em sua argumentação – é um exemplo simples apenas para efeito didático. Na realidade, o mapeamento obtido nas empresas a que tivemos acesso, bem como o mapeamento do fluxo de valor atual da nossa empresa, é bem mais complexo. Esse mapa mostra o resultado de informações detalhadas sobre cada passo do fluxo de valor. E essas informações incluem dados como:

- ❖ Tempo útil parado: tempo que a máquina ficou parada quando deveria estar operando. As causas podem ser quebra, *set-up*, ajustes, falta de ferramentas, etc.
- ❖ Até o primeiro defeito: percentagem produzida pela máquina até que ocorra um retrabalho, defeito ou sucata, num determinado período.
- ❖ Tempo de ciclo: tempo decorrido entre a última operação de uma peça e a última operação da próxima peça, com qualidade.
- ❖ Tempo de troca: tempo necessário para mudar a produção de um tipo de produto para outro. É o tempo de *set-up* ou de troca de ferramenta.
- ❖ Tempo total de espera: tempo em que o material fica parado entre uma operação e outra.
- ❖ Tempo total de operação: tempo que, somado ao anterior, indicará o *lead time* do processo.
- ❖ Outras informações consideradas relevantes, como: taxa de sucata, número de turnos, tempo disponível por dia,

número de pessoas, número de máquinas, quantidade demandada, tamanho médio do lote, número de células paralelas, *takt-time*, tempo de inspeção, percentual de inspeção e quantidade produzida a mais.

– Na verdade – prossegue Marcos –, não cabem aqui mais detalhes da construção do mapeamento do fluxo de valor, que, aliás, demanda aspectos técnicos do campo da engenharia industrial/produção. Por outro lado, esta nossa turma é basicamente formada por contadores e administradores de empresa que querem entender como o mapeamento do fluxo de valor se relaciona com a contabilidade enxuta. Lá na Águias, também estamos utilizando como suporte o livro de Rother e Shook[1] que o senhor acabou de recomendar a quem deseja se aprofundar no tema.

– Excelentes colocações, Marcos – diz Anatole. – O objetivo principal de uma organização enxuta, como todos sabemos, é aumentar a eficiência do processo. Um processo que tem uma alta eficiência terá muito menor desperdício, menor *lead time* e também menor custo, obviamente. Na prática, um processo é considerado enxuto se sua eficiência for maior que 25% (Yang, 2008). Uma proporção do processo relativamente grande não é usada para executar trabalhos que agregam valor, mas sim para atividades que não agregam valor (desperdícios). A operação enxuta procura redesenhar o fluxo do processo e do *layout*, de forma que a parcela do tempo do processo destinada a atividades que não agregam valor seja fortemente reduzida.

– Entre as diversas técnicas que embasam a produção enxuta, – prossegue o professor – como as células de produção (manufatura celular) e a produção puxada, tem importância, também, a forma de produção caracterizada pelos *layouts* das máquinas. A produção enxuta busca o *fluxo da peça única*. Para tanto, é necessário dizer que existem diversos tipos de processo de fabricação entre os quais preponderam dois tipos: aquele em que o *layout* é funcional/por processos semelhantes de produção, e aquele em que é por produto/linear. No *layout* funcional, as máquinas são agrupadas de modo a realizar operações análogas em um mesmo local. O material, nesse caso, se movimenta através de seções especializadas. O modelo do fluxo do trabalho de tais sistemas de produção pode ser confuso, como ilustrado na figura que mostro agora. Uma nova figura enche a tela diante dos olhos de um atento auditório. O professor Anatole explica que aquele é um processo de produção caracterizado por pouca utilização, longos atrasos, grandes inventários em processo e longo *lead time*. A vantagem é que se pode fazer uma grande variedade de tarefas. Muitos processos do setor de serviços também estão configurados nesse tipo de *layout*. Por exemplo, na maioria das organizações que utilizam esse processo, os departamentos são arrumados juntos por função, como departamento de pessoal, departamento de contabilidade, departamento de benefícios. Se um empregado deseja realizar um trabalho, terá de percorrer todos esses departamentos. Assim, no

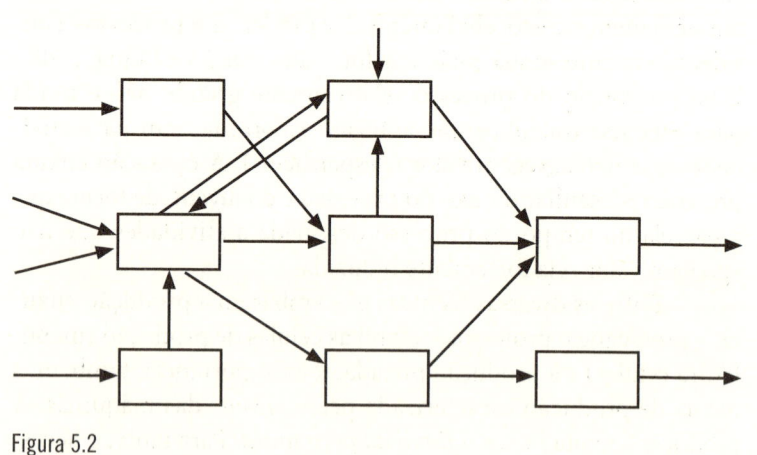

Figura 5.2
Modelo de fluxo por *layout* funcional.
Fonte: Yang (2008).

caso de uma peça, ele irá primeiro a um departamento e, depois, ao setor que o movimentará para o departamento seguinte. Se houver algum erro, o material será enviado de volta para correção. Perdas no caminho percorrido são comuns, levando muito tempo para o material ser completado. Nesse tipo de produção, as máquinas são agrupadas de modo a realizarem operações análogas em um mesmo local. O material, nesse caso, se movimenta através de seções especializadas.

– Pessoal, vejam agora nesta tela o fluxo de produção que utiliza o *layout* por produto/linear. O exemplo mais conhecido desse tipo de fluxo são as linhas de montagem, e sua principal característica é a disposição das máquinas de acordo com a sequência de operações do processo produtivo em execução. O material se movimenta enquanto as máquinas permanecem fixas.

Além desses dois tipos, a produção enxuta busca se enquadrar no *layout* de peça única, como mostra a próxima tela.

O professor Anatole começa agora a falar sobre o *layout* de células de produção. Explica que a célula de produção origina-se do *layout* funcional, em que as máquinas são reordenadas em sequência, como em um *layout* linear, para atender a uma determinada família de produtos (aqueles com sequência de operações similares).

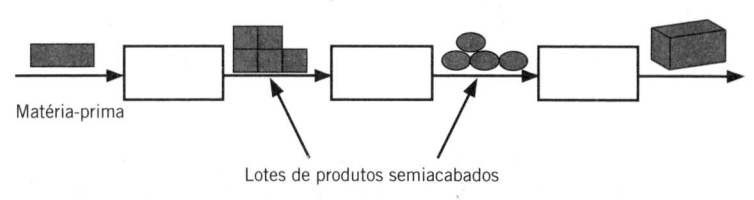

Figura 5.3
Modelo de fluxo de produção por produto/linear.
Fonte: Yang (2008).

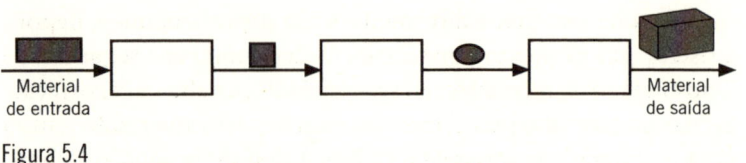

| Material de entrada → □ → ■ → □ → ● → □ → ▬ Material de saída |

Figura 5.4
Modelo de fluxo de uma peça.
Fonte: Yang (2008).

– É bom frisar – acrescenta – que uma ou mais células compõem um determinado fluxo de valor. Para economizar espaços e encurtar a distância percorrida pelos funcionários multifuncionais, em vez de serem lineares, elas ficam em formato de U. Vejam as duas telas que vou apresentar a seguir. A primeira delas, a Figura 5.5, mostra um *layout* funcional, em que se pretende a produção de 10 unidades do produto X, que consta de quatro operações de fabricação: furação, torno, esmerilhadeira e inspeção e acabamento. Os tempos de operação por unidade são, respectivamente, de 5, 3, 4 e 3 minutos. Nesse modelo de *layout*, várias são as atividades que não agregam valor, pois as peças vão se mover de um setor de trabalho para o outro com seus respectivos tempos de movimentação e de espera e quando uma peça chega a um determinado setor, entra em uma fila até chegar a sua vez de ser trabalhada. Assim, conforme vemos na figura, o tempo que agrega valor para a confecção das 10 unidades do produto X é de 150 minutos, e o tempo que não agrega valor perfaz 40 minutos, resultando em um tempo total de lote de 190 minutos.

A Figura 5.6 já mostra essa mesma produção, com um *layout* de célula de produção que é a forma de produzir dentro de cada fluxo de valor. No caso do *layout* de célula de produção, as máquinas de cada família de peças (supostamente o produto X pertence a uma determinada família) são reordenadas de forma que fiquem uma ao lado da outra. Assim, cada produto é feito um a um, sem

Capítulo 5 – O custeio do fluxo de valor **101**

necessidade de tempos de esperas ou de movimentações, usando a sistemática de *puxar* a produção. Dessa forma, se compararmos com o *layout* da figura anterior (Figura 5.5), as atividades que não agregam valor (esperas e movimentações) são eliminadas. Além disso, a célula é processada de forma contínua a cada cinco minutos (esse é o tempo que representa a restrição/gargalo); após a partida inicial, outro produto é processado, pois existe a concomitância de produção nas quatro operações. Então, em relação ao *layout* anterior, foram economizados não somente os 40 minutos de movimentação e espera, como também outros 90 minutos, uma vez que, pela concomitância de operações, a décima unidade

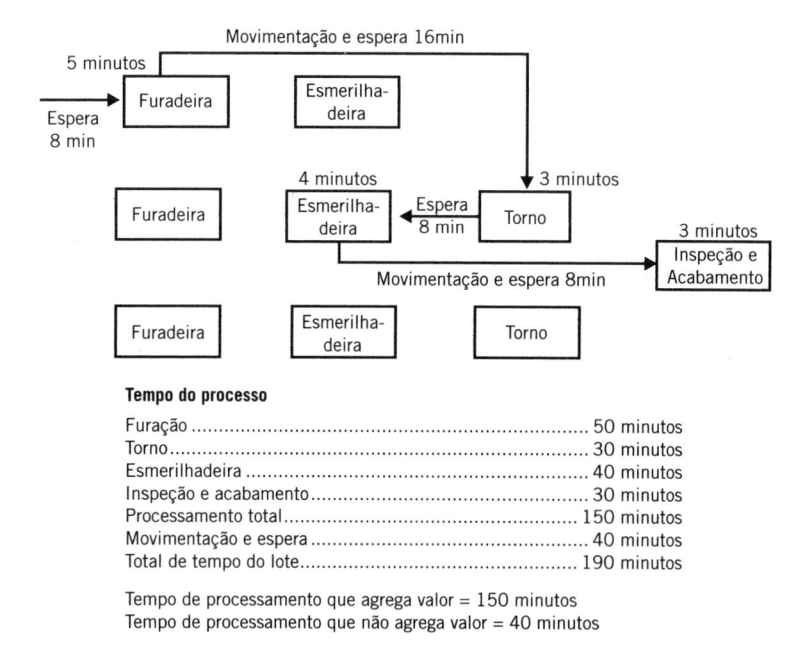

```
                    Movimentação e espera 16min
  5 minutos  ┌─────────────────────────────────┐
─────────┐   │                                 │
Espera   │  Furadeira         Esmerilha-
8 min    │                    deira

                            4 minutos              3 minutos
         Furadeira          Esmerilha-  ← Espera
                            deira         8 min    Torno
                                                              3 minutos
                                                          Inspeção e
                              Movimentação e espera 8min  Acabamento

         Furadeira          Esmerilha-              Torno
                            deira
```

Tempo do processo
Furação .... 50 minutos
Torno .... 30 minutos
Esmerilhadeira .... 40 minutos
Inspeção e acabamento .... 30 minutos
Processamento total .... 150 minutos
Movimentação e espera .... 40 minutos
Total de tempo do lote .... 190 minutos

Tempo de processamento que agrega valor = 150 minutos
Tempo de processamento que não agrega valor = 40 minutos

Figura 5.5
***Layout* para a produção de 10 unidades do produto X.**
Fonte: Adaptada de Hansen, Mowen e Guan (2009).

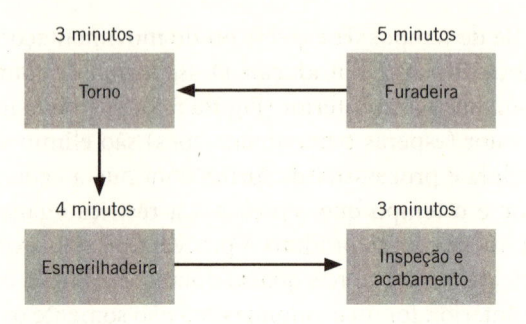

```
          3 minutos              5 minutos
        ┌─────────┐           ┌───────────┐
        │  Torno  │ ◄──────── │ Furadeira │
        └─────────┘           └───────────┘
             │
             ▼
          4 minutos              3 minutos
        ┌──────────────┐      ┌──────────────┐
        │ Esmerilhadeira│ ──► │  Inspeção e  │
        │              │      │  acabamento  │
        └──────────────┘      └──────────────┘
```

Tempo processando   **Tempo decorrido**

Primeira unidade .... 15 minutos
Segunda unidade .... 20 minutos
(o processo começa 5 minutos depois do primeiro)
Décima unidade .... 60 minutos

Tempo economizado sobre a produção tradicional:
150 minutos − 60 minutos = 90 minutos
Se a célula é processada continuamente, então uma unidade é produzida a cada 5 minutos após a partida inicial. O tempo para produzir 10 unidades será de 60 minutos, e o tempo economizado será de 90 minutos.

Figura 5.6

Célula de produção proposta para a produção de 10 unidades do produto X.
Fonte: Adaptada de Hansen, Mowen e Guan (2009).

ficará pronta em apenas 60 minutos. E é bom lembrar que esses 90 minutos se referem à economia em relação à produção tradicional.

Marcos, neste instante, pede a palavra e diz: Na Águias Poderosas, temos bastante experiência em células de produção, e podemos dizer, até com certo orgulho, que toda a nossa fabricação já está configurada dessa forma. Nem preciso dizer os benefícios que temos obtido com as células que agilizaram as entregas de nossos produtos, reduzindo de forma significativa o *lead time* aos nossos clientes. Foi um processo de mudança estressante, devo afirmar, pois, com o rearranjo, máquinas que estavam localizadas em seções específicas de trabalho tiveram de ser mudadas de local para a formação das células. Naturalmente, absorvemos alguns problemas de lucros cessantes, porque algumas máquinas tiveram de ficar paradas, sem produzir, por alguns poucos dias. Por isso, reafirmo que células de produção, se aplicadas nas empresas do setor de serviços, não sofrem desse tipo de problema. Isso porque, nessas empresas de serviços, as máquinas são representadas pelas mesas dos funcionários, que podem facilmente ser realocadas em células, em um único final de semana.

❖ **Custos dos produtos no fluxo de valor**

Como entender os custos na produção enxuta

Anatole prossegue sua palestra dizendo que Maskell e Baggaley (2004) foram felizes ao mostrar que é imprescindível entender os custos dos produtos em uma produção enxuta, ao contrário do paradigma do custeio tradicional que condiciona a todos. Assim, vejamos a Figura 5.7, em que a produção do produto A é de 12 unidades por hora por conta da operação, que é a restrição (fundição com cinco minutos). Se ela tiver um custo de conversão (todos os custos menos o custo de material) de R$ 840,00 por hora, então o custo unitário de conversão do produto A será de R$ 70,00 por unidade (= R$ 840,00/12).

Considere, agora, que a companhia introduza um segundo produto (produto B) nessa mesma célula. Assim, os produtos A e B são feitos de forma alternada dentro da célula. A taxa de produção continua sendo de 12 unidades por hora. Contudo, o total do tempo de mão de obra e máquina para fabricar B é bem maior do que para o produto A (20 minutos contra 15 minutos). Apesar dessa diferença em tempos de mão de obra e máquina, o custo do produto B será o mesmo. A companhia pode fazer 12 produtos A ou 12 produtos B por hora. Assim, como o custo de conversão é de R$ 840,00, e se por acaso o custo de material for o mesmo para ambos os produtos, os custos dos produtos A e B serão rigo-

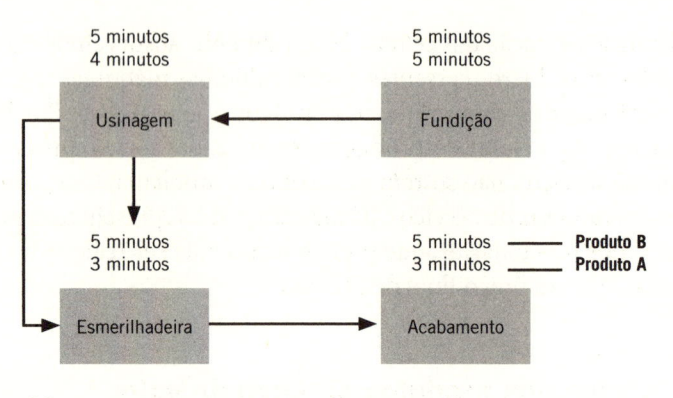

```
        5 minutos              5 minutos
        4 minutos              5 minutos
        ┌─────────┐   ◄──   ┌─────────┐
        │ Usinagem│          │ Fundição│
        └─────────┘          └─────────┘
             │
             ▼
        5 minutos              5 minutos  ——— Produto B
        3 minutos              3 minutos  ——— Produto A
        ┌──────────────┐     ┌──────────┐
        │ Esmerilhadeira│──►  │Acabamento│
        └──────────────┘     └──────────┘
```

Figura 5.7
Como entender os custos na produção enxuta.
Fonte: Adaptada de Maskell e Baggaley (2004).

rosamente iguais, embora o produto B consuma mais tempo de recursos do que o produto A. Essa é a lógica quando se passa da produção em massa tradicional para a produção através de fluxo de valor.

Fluxo de valor e seus custos

Conforme já comentado, o fluxo de valor capta os recursos por fluxo de valor em vez de por departamento, ou por atividades, como ilustrado na Figura 5.8.

Observe que os fluxos de valor cortam as linhas funcionais/departamentais para incluir custos relacionados a *marketing*, despesas de vendas, projeto do produto, engenharia, compras de materiais, distribuição, etc. Um aspecto essencial da implementação da contabilidade de fluxo de valor é a definição da família de produtos. Muitas organizações produzem mais de um produto, que podem ser agrupados em famílias de produtos. Essas famílias de

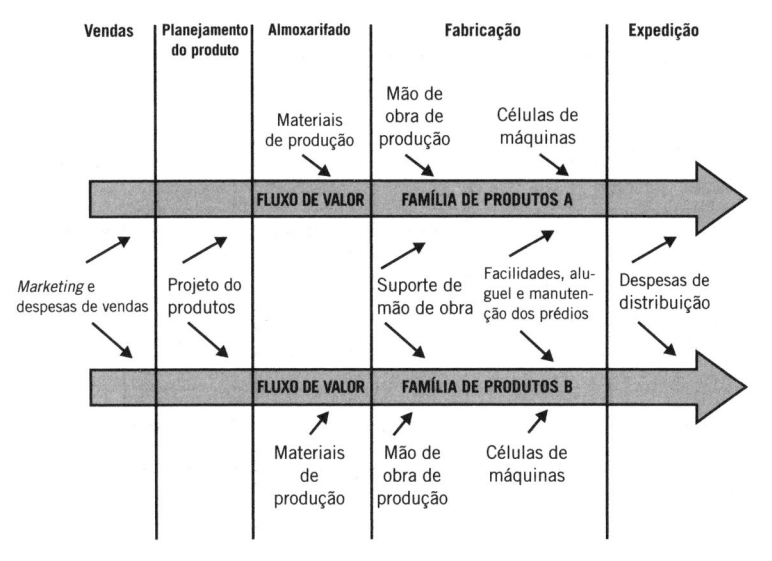

Capítulo 5 – O custeio do fluxo de valor   **105**

```
Vendas | Planejamento | Almoxarifado |      Fabricação       | Expedição
         do produto
                                      Mão de
                         Materiais    obra de   Células de
                         de produção  produção  máquinas

                         FLUXO DE VALOR   FAMÍLIA DE PRODUTOS A

Marketing e   Projeto do              Suporte de  Facilidades, alu-  Despesas de
despesas      produtos                mão de obra guel e manuten-    distribuição
de vendas                                         ção dos prédios

                         FLUXO DE VALOR   FAMÍLIA DE PRODUTOS B

                         Materiais    Mão de     Células de
                         de           obra de    máquinas
                         produção     produção
```

Figura 5.8
Custos que incidem no fluxo de valor.
Fonte: Hall (2008).

produtos dividem processos comuns desde o ponto de colocação dos pedidos até o ponto em que o produto está acabado para o cliente. A Tabela 5.1 ilustra como produtos múltiplos podem ser agrupados em famílias de produtos. Ela mostra três famílias de produtos (A, B e C), provavelmente cada uma em uma célula dedicada. A contabilidade de fluxo de valor inclui todos os custos associados com a família de produtos, mas não faz distinção entre custos diretos e indiretos. Os custos dos materiais são calculados com base no quanto de material foi comprado para o fluxo de valor, em vez de na quantidade de material de cada produto específico. O custo total de material do fluxo de valor é a soma de todas as compras do período. Essa abordagem de contabilidade simplificada enxuta funciona porque as matérias-primas e os

Tabela 5.1
Grupamento de produtos por família

Produto	Família de produtos	Curvar tubo		Processo		Embalagem e expedição
			Soldagem	Montagem		
		Máquina	Mão de obra	Mão de obra	Mão de obra	Mão de obra
Modelo X12	A	X	X	X	X	X
Modelo X 47	B		X	X	X	X
Modelo X 80	B		X	X	X	X
Modelo X 14	C			X	X	X
Modelo X 56	A	X	X	X	X	X
Modelo X 49	C			X	X	X

Fonte: Hall (2008).

inventários em processo representam, talvez, um ou dois dias de inventário. Essa abordagem não funciona bem em um ambiente de fabricação tradicional, em que diversos meses de inventário podem ser transferidos de um período para o outro. O custo da mão de obra que trabalha no fluxo de valor é incluído se eles projetam, fazem ou simplesmente transportam o produto de uma célula para outra. Os custos de mão de obra não são alocados aos produtos individuais na forma tradicional (tempo despendido em uma tarefa específica). Em vez disso, a soma dos salários e dos benefícios diretos pagos a todos os indivíduos trabalhando no fluxo de valor é carregada diretamente ao fluxo. Mão de obra de suporte, como manutenção de máquinas, planejamento de produção e vendas, também é incluída. Sempre que possível, entretanto, cada empregado deve ser designado para um simples fluxo de valor, em vez de ter seu tempo distribuído entre diferentes fluxos de valor. Praticamente o único custo alocado aos fluxos de valor é uma carga por metro quadrado para o fluxo de valor de suporte de facilidades (aluguel, manutenção de prédios, utilidades, etc.).

A lógica por trás disso é estimular os membros dos grupos de fluxo de valor a minimizar os espaços ocupados para operarem os fluxos de valor. Os custos indiretos gerais que ocorrem fora dos fluxos de valor, e que não podem ser controlados pelos grupos de fluxo de valor, não devem ser agregados às famílias de produtos. Portanto, nenhum esforço é feito para absorver inteiramente os custos de suporte de facilidades. Muito embora os custos indiretos corporativos precisem ser contabilizados, eles não serão alocados aos fluxos de valor (Hall, 2008).

Uma característica do fluxo de valor é a sua simplicidade; ele não apenas provê informação relevante a tempo, como também é simples. Todos podem entender de onde vem a informação financeira e o que ela significa. Não há desperdício em busca da informação; pelo contrário, a informação é coletada e apresentada em demonstrativos simples para cada fluxo de valor e não para cada produto operado nesse fluxo. Não é necessário, ao contrário do custeio tradicional, reportar os custos reais e as variações de cada ordem de produção. Os custos dos fluxos de valor são apresentados a cada semana, usando apenas as informações de custos atualizadas. Também não é necessário reportar os custos *backflush* utilizados pelas empresas que vinham usando o *just-in-time*. Assim, o custeio padrão tradicional é substituído pelo custeio do fluxo de valor para as empresas enxutas.

O professor Anatole prosseguiria entusiasmado em sua aula, esquecendo até das necessárias pausas diante de tanta informação nova para aquela plateia se não fosse abruptamente interrompido por um ansioso Paulo:

– Quer dizer então que, assim que tivermos implementado nossos fluxos de valor na Águias Poderosas, poderemos cancelar nossa prática de custeio *backflush* e utilizar o custeio do fluxo de valor tal como o senhor está apresentando?

– Exatamente, meu caro *controller* – responde o professor. – Entendo sua ansiedade, mas estou certo que você e sua empresa ficarão muito felizes com essa mudança. O custeio do fluxo de valor coleta informações melhores do que as obtidas com o custeio padrão tradicional. As informações de custos do fluxo de valor contêm os custos reais do fluxo de valor. Essas informações não são distorcidas e (ainda bem!) não são complicadas pela alocação dos custos indiretos, que são o maior vilão da precisão dos custos, como todos sabemos. A informação média de custos do custeio do fluxo de valor fornece uma das principais medições do desempenho do fluxo de valor e é usada para gerenciar os melhoramentos neste. E, assim, essas informações podem ser rapidamente utilizadas nas tomadas de decisão do dia a dia. Elas estão relacionadas a decisões como lucratividade de um pedido ou contrato, comprar ou fazer, análise da rentabilidade do produto, etc. Ao contrário do custeio padrão tradicional e suas variações, que são difíceis de serem entendidos pelo pessoal da empresa, o custeio do fluxo de valor, pela sua simplicidade, pode ser facilmente entendido por todos (Maskell; Baggaley, 2004).

Problemas do custeio padrão tradicional

A verdade é que não podemos culpar o custeio tradicional pelas mazelas da empresa. Essa é uma boa técnica, tem suas virtudes. Mas não se aplica à produção enxuta e, como já foi examinado no Capítulo 4, sobre contabilidade enxuta, diversos problemas podem ocorrer no período de transição, quando a empresa passa de produção em massa para produção enxuta. Vamos examinar de forma resumida alguns desses possíveis problemas:

1. As companhias enxutas mantêm pequeno, ou quase nenhum, inventário; isso posto, as empresas que estão em transição para o pensamento enxuto obviamente passarão a consumir seus inventários e irão reduzi-los. Esses estoques são apresentados como um ativo no balanço

patrimonial. Então, reduzindo-se o inventário, reduz-se também o valor da companhia.

2. Isso não acontece apenas com as companhias que estão em transição para *lean*; os clientes também reduzem seus estoques, pois passam a confiar que, com a redução dos *lead times* e do aumento da qualidade dos produtos recebidos, eles podem fazer isso. Então, os clientes ajustam seus pedidos e, em vez de, por exemplo, fazê-lo com cinco semanas de antecedência, o fazem com uma semana de antecedência, o que faz com que as vendas sejam adiadas.

3. Ser enxuta faz a companhia se tornar mais produtiva. Contudo, no curto prazo, é difícil para a empresa se beneficiar desses melhoramentos nos resultados de lucros e perdas. Isso ocorre porque a força de trabalho ociosa não pode ser desligada, pois é necessária cooperação dos trabalhadores e dos gerentes. Se eles fossem desligados da companhia, o restante da transição iria por água abaixo.

4. Nem a capacidade extra disponível com a melhoria de produtividade pode ser utilizada, uma vez que a empresa ainda em transição leva tempo para introduzir novos produtos na fabricação e otimizar o sistema ao longo das linhas de produtos enxutos.

Custos aplicados ao fluxo de valor

Como já dissemos, todos os custos (diretos e indiretos) são direcionados ao seu fluxo de valor correspondente. O único custo que sofre alocação é o suporte de facilidades (pagamentos de aluguel, depreciação e manutenção de prédios, gastos em utilidades, serviços de segurança, etc.), cujo direcionador é o metro quadro ocupado pelo fluxo de valor. Essa é a área ocupada pela produção (células de produção do fluxo, etc.), pelo almoxarifado e pelo escritério do pessoal que trabalha nesse fluxo de valor. Por vezes, os custos de utilidade são significativos e variam consideravelmente. Nesses casos, cada fluxo de valor é medido, e os custos de utilidades são aplicados como custos diretos no fluxo de valor (Maskell; Baggaley, 2004).

– Professor – chama Ana Cláudia – o senhor nos disse que cada fluxo de valor trabalha com diversos produtos, cada qual realizado em células de produção por famílias de produtos. Teremos, pelo que estou entendendo, somente o custo médio de todos os produtos produzidos, caso simplesmente dividamos o total de custos diretamente apropriados no fluxo de valor pela quantidade de unidades produzidas em um dado tempo. E no caso de precisarmos do custo de um determinado produto, o que fazer?

– Minha cara, daqui a pouco lhe darei a resposta para essa sua questão, que, aliás, é bem colocada – responde Anatole. – Peço apenas um pouco de paciência, pois primeiro farei um breve comentário dizendo que, em grande parte dos casos, o custo médio dos produtos assim obtidos é o próprio custo do produto, pois os produtos pertencem à família de produtos similares, sendo homogêneos. Em outros casos, em que se torna imprescindível a determinação dos custos dos produtos, se são heterogêneos, isso poderá ser feito utilizando critérios que levam em conta as feições e características desses produtos. Isso, contudo, iremos ver um pouco mais adiante.

Custo médio por unidade

Em tom mais grave, pedindo atenção extra, Anatole diz:

– Repetindo, o custo unitário médio é calculado coletando-se todos os custos do fluxo de valor para a semana e dividindo-os pela quantidade de unidades embarcadas para os clientes nessa mesma semana. Alguns utilizam a média do total de custos do fluxo de valor (incluindo os custos de materiais); outros preferem usar a média dos custos de conversão por unidade. Se os produtos são muito similares e possuem custos similares, então a média do custo total é adequada. Se os produtos têm custos de materiais divergentes, mas processos de produção similares, então a média dos custos de conversão é um indicador melhor. Podemos ver um exemplo na Tabela 5.2.

- O custo médio dos produtos é significativo e útil, se todos os produtos no fluxo de valor forem similares. O custo médio também é significativo se os produtos do fluxo de valor forem não similares, mas o *mix* de produção for razoavelmente consistente a cada semana. Às vezes, o custo médio é mostrado como uma média móvel ao longo de um período maior tal que a tendência não é obscurecida pelas mudanças semanais de *mix*. Se o fluxo de valor possui um *mix* de produtos e/ou os produtos são customizados e fabricados em pequenas quantidades, então pode ser necessário normalizar o custo médio para levar em conta o *mix* do produto.

Tabela 5.2

Cálculo do custo médio do fluxo de valor

Custos de empregados	R$ 3.900.000,00
Custo de máquina	R$ 3.450.000,00
Processo externo	R$ 2.009.000,00
Outros custos	R$ 2.676.000,00
Custos de materiais	R$ 10.510.000,00
Custo do fluxo de valor	R$ 22.545.000,00
Custo de conversão	R$ 12.035.000,00
Unidades embarcadas	2.000
Custo médio do produto	R$ 11.272,50
Custo médio de conversão	R$ 6.017,50

Fonte: Adaptada de Maskell e Baggaley (2004).

São, então, utilizados critérios de feições e características desses produtos para calcular os custos que serão usados nessas normalizações. Obviamente, a normalização do custo médio, sempre que possível, deve ser evitada, pois traz complexidade e um elemento de subjetividade nos cálculos. Mas isso, como ele disse para a Ana Cláudia, será visto um pouco mais adiante.

Custos do fluxo de valor por setor de operação

Os custos do fluxo de valor abertos por áreas dos setores de operação podem ser mostrados como o exemplo da Tabela 5.3.

Tabela 5.3
Custos do fluxo de valor

	Custo de material	Custos externos	Custo de empregado	Custo de máquina	Outros custos	Custo total
Serviço ao cliente			R$ 11.345			R$11.345
Compras			15.670			15.670
Célula II	258.512		16.790	16.543	21.230	313.075
Célula II	24.570		22.346	2.123		49.039
Teste e retrabalho			9.904	12.090		21.994
Montagem e teste final	129.060		1.350			130.410
Embarque			2.358			2.358
Garantia da qualidade			6.916			6.916
Engenharia de produção			6.916			6.916
Manutenção			6.916			6.916
Contabilidade			6.916			6.916
Sistema de informação			3.458			3.458
Engenharia de projeto		8.560	3.458			12.018
	R$ 412.142	R$ 8.560	R$ 102.998	R$ 30.756	R$ 21.230	R$ 575.686

Fonte: Adaptada de Maskell e Baggaley (2004).

Os custos totais semanais totalizaram R$ 575.686,00. Durante a semana, a empresa expediu 3.564 unidades de produtos. O custo médio do produto na semana é de R$ 161,53.

Demonstrativo simples de lucros e perdas

Neste ponto, Anatole faz uma pausa e lembra a todos:

– Este é o demonstrativo simples de resultados (lucros e perdas) que foi mostrado na palestra anterior (Por que contabilidade enxuta?).

O demonstrativo simples de L&P mostrado na Tabela 5.4 pode ser apresentado semanalmente por fluxo de valor e pelo total da unidade ou divisão fabril, conforme a Tabela 5.5.

Tabela 5.4

Demonstrativo simples de lucros e perdas para o ano findo em 31/12/2009

Receita	R$ 18.020.000,00
Custos de materiais	R$ 5.970.000,00
Custos de empregados	R$ 3.200.000,00
Processo externo	R$ 1.342.000,00
Outros custos de conversão	R$ 2.420.000,00
Facilidades	R$ 928.000,00
Despesas de vendas, gerais e administrativas	R$ 402.000,00
Lucro operacional	R$ 3.758.000,00
Inventário anterior	R$ 10.512.000,00
Inventário atual	R$ 6.922.000,00
Ajuste de inventário	(R$ 3.590.000,00)
Custos indiretos corporativos	R$ 160.000,00
Lucro líquido	(R$8.000,00)
Retorno das vendas	0%

Fonte: Adaptada de Cooper e Maskell (2008).

Tabela 5.5
Demonstrativo simples de lucros e perdas

	Produtos de alumínio	Produtos de aço	Desenvolvimento de novos produtos	Administração e custos indiretos	Lucros e perdas da companhia
Receita	R$ 10.812.000	R$ 7.208.000	R$ 0		R$ 18.020.000
Custo de materiais	3.670.000	2.268.000	32.000		5.970.000
Custos de conversão	780.000	1.200.000	3.640.000		5.620.000
Lucro do fluxo de valor	6.362.000	3.740.000	($3.672.000)		6.430.000
ROS do fluxo de valor	6,3%	5,2%			
Custo de empregados				R$ 1.576.000	1.576.000
Despesas				1.272.000	1.272.000
Inventário do período anterior					10512000
Inventário atual					6922000
Ajuste de inventário					(3.590.000)
Lucro bruto da companhia					(8.000)
ROS da companhia					0

Fonte: Adaptada de Maskell e Baggaley (2004).

Box Score

Anatole faz outro parêntese e diz:

– Pessoal, agora vou apresentar a vocês o *box score*. Vejam esta tela – anuncia, projetando uma tabela cujo objetivo é oferecer uma visão resumida do desempenho do fluxo de valor. Constituída de três partes, a tabela mostra na seção superior as medições de desempenho do fluxo de valor por indicadores operacionais. Um demonstrativo simplificado de L&P é apresentado na seção inferior; ou seja, aí estão os indicadores financeiros. Na parte central, são exibidos os indicadores de recursos de capacidade. O *box score* reúne números semanais e mostra o resultado de diversas

Tabela 5.6

Box score

		Semana de 03/ago	Semana atual 10/ago	Próxima semana 17/ago	Semana de 24/ago	Objetivo semana 28/dez
OPERACIONAL	Vendas por pessoa	36,16	42,05			51,39
	Entregas no prazo	98,00%	94,00%			98,00%
	Lead time doca a doca	23,58	23,5			16,5
	Até o primeiro defeito	46%	42%			50%
	Custo médio p/unidade	R$ 388,46	R$ 348,66			R$ 388,46
	Contas a receber dias	34,5	37			35
CAPACIDADE	Recursos produtivos	9,30%	10,80%			11,90%
	Recursos não produtivos	63,70%	54,80%			49,30%
	Capacidade disponível	27%	34%			39%
FINANCEIRO	Receita	R$ 1.101.144	R$ 1.280.400			R$ 1.408.440
	Custo do material	R$ 462.480	R$ 512.160			R$ 535.207
	Custo de conversão	R$ 250.435	R$ 231.884			R$ 208.696
	Lucro bruto flux. de valor	R$ 388.228	R$ 536.356			R$ 664.537

Fonte: Maskell e Baggaley (2004).

semanas. Na coluna da direita aparecem os objetivos do grupo de fluxo de valor para cada uma das medições, objetivos esses planejados de acordo com os planos de melhoria previstos na produção enxuta. Seis itens de dados estão incluídos nos indicadores operacionais do *box score*:

❖ *Vendas por pessoa* mede as receitas de vendas do fluxo de valor pelo número de pessoas que trabalha no fluxo de valor.

❖ *Entregas no prazo* mede a extensão pela qual os produtos corretos têm sido expedidos na data certa e no pedido certo. É calculado como uma percentagem dos pedidos de clientes programados e realmente embarcados no programa.

❖ *Lead time doca a doca* é o prazo que vai da doca de recepção à doca de expedição.
❖ *Até o primeiro defeito* é uma medida de qualidade. É uma percentagem produzida pela máquina até que ocorra um retrabalho, defeito ou sucata, num determinado período. É muitas vezes chamada de primeira passada de produção.
❖ *Custo médio por unidade* é o total de custos do fluxo de valor para o período, dividido pelo número de unidades embarcadas durante o mesmo período. Inclui todos os custos consumidos no período (mão de obra, suporte de produção, suporte de operações, suporte de engenharia, facilidades e manutenção, materiais de produção e outros custos consumidos pelo fluxo de valor).
❖ *Contas a receber em dias* é medido dividindo-se o saldo de contas a receber pela média diária de vendas (vendas do mês/número de dias no mês).

Três itens de dados estão incluídos nos indicadores de capacidade do *box score*:

❖ *Recursos produtivos* representam a percentagem do tempo de mão de obra ou de máquina despendido na criação do produto (atividades que agregam valor para o cliente).
❖ *Recursos não produtivos* representam a percentagem de tempo de outros usos incluídos como atividades que não agregam valor; por exemplo, tempos gastos na troca de ferramentas, retrabalhos e refugos, movimentação de material, manutenção, reparos, espera por recursos, programação, planejamento, compras, gerenciamento, etc.
❖ *Capacidade disponível* representa a percentagem de tempo de mão de obra ou de máquina que resta após os tempos produtivos e não produtivos terem sido considerados.

Box score para longo prazo

O *box score* pode ser semanal, mensal, trimestral, semestral, anual, etc. Observe o exemplo em que, para determinada companhia, foi construído um *box score* para mostrar os efeitos, no longo prazo, de uma transformação para empresa enxuta (Baggaley, 2004). A Tabela 5.7 mostra um *box score* com resultados semestrais, em que os custos de conversão não se alteram, pois são mantidos o mesmo número de pessoas e de máquinas no período coberto. Os custos de conversão, entretanto, aumentam no longo prazo porque a companhia necessitará obter equipamento adicional, ferramentas e suprimentos.

– Professor – interrompe Paulo – O senhor poderia detalhar um pouco mais como coletar as informações de custos do fluxo de valor?

Tabela 5.7
Box score transformação de longo prazo

		Situação atual antes do *lean* 01/dez	Situação futura: *lean* passo um Jan/Jun/10	Situação futura: *lean* passo dois Jul/Dez/10	Situação futura: longo prazo Jan/Jun/11
OPERACIONAL	Vendas por pessoa	R$ 224.833	R$ 224.833	R$ 224.833	R$ 277.031
	Giro no inventário	6,5	10	15	20
	Lead time doca a doca	25	5	5	2,5
	Até o primeiro defeito	81%	95%	90%	95%
	Custo médio p/unidade	R$ 31,32	R$ 31,32	R$ 29,98	R$ 24,25
CAPACIDADE	Recursos produtivos	55%	52%	52%	79%
	Recursos não produtivos	42%	40%	12%	12%
	Capacidade disponível	3%	8%	36%	9%
FINANCEIRO	Receita	R$ 4.062.000	R$ 4.062.000	R$ 4.062.000	R$ 5.686.000
	Custo do material	R$ 1.164.184	R$ 1.164.184	R$ 1.109.327	R$ 1.152.839
	Custo de conversão	R$ 1.483.416	R$ 1.483.416	R$ 1.483.416	R$ 1.657.500
	Lucro bruto flux. de valor	R$ 1.414.400	R$ 1.414.400	R$ 1.469.257	R$ 2.475.660
	ROS do fluxo de valor	34,82%	34,82%	36,17%	43,54%

Fonte: Baggaley (2004).

– Claro, com o maior prazer. Todos os custos são coletados por fluxo de valor e resumidos por período. Os custos de mão de obra não são colhidos usando qualquer tipo de rastreamento, rateio ou tempo de produção. Eles representam simplesmente a soma dos salários e benefícios diretos pagos ao pessoal que trabalha no fluxo de valor. Simples, não? São, inclusive, facilmente retirados do sistema de pagamentos da empresa. Já os custos de materiais são coletados em resumos da semana.

Uma vez que o inventário da empresa é pequeno e está sob controle, os custos de materiais do fluxo de valor correspondem aos materiais comprados para o fluxo de valor. Todas as compras já são realizadas descarregando no centro de custos do fluxo de valor. O mesmo é feito para os suprimentos, ferramentas e outros custos. Eles são aplicados simplesmente ao centro de custos do fluxo de valor ou são derivados do processo de contas a pagar. Outro aspecto que mostra a simplicidade do sistema é que são poucos os centros de custos. Em vez de ter um grande número de departamentos, a organização configurada em fluxos de valor passa a ter poucos centros de custos por fluxo de valor. A informação colocada no demonstrativo simples de resultados do fluxo de valor é a real, refletindo o que está acontecendo naquela semana ou mês. A receita é representada pela quantidade atual de faturas processadas por produtos fabricados no fluxo de valor específico. A eliminação de rateios de custos indiretos (o grande vilão da acuracidade dos custos) faz com que as informações de custos e lucros sejam atuais e entendidas por todos que trabalham no fluxo de valor, mesmo pelos não contadores.

Paulo, entusiasmado, faz uma nova pergunta:

– E como são tratados os custos e as despesas da empresa que são externos ao fluxo de valor?

– Existem pessoas na organização ou na fábrica que não trabalham nos fluxos de valor. Elas desempenham tarefas não relacionadas diretamente ao fluxo de valor, como contabilidade financeira, por exemplo, ou seu trabalho atravessa todos os fluxos de valor como, por exemplo, o pessoal de suporte da qualidade – ISO9000 ou ISO14000. Esses custos e despesas associados com esses grupos de tarefas que não estão diretamente no fluxo de valor não são rateados pelos fluxos de valor. Eles são tratados como sustentação de custos dos negócios, ou seja, são orçados e controlados, mas não alocados. Como cheguei a dizer, a única alocação realmente admitida é o suporte de facilidades, e o direcionador usado é o metro quadrado, que faz, inclusive, com que cada fluxo de valor procure utilizar o menor espaço possível. Não existe lugar para o custeio por absorção plena. Então, esses custos que não são reportados nos fluxos de valor aparecem nos demonstrativos de L&P, separadamente, com o nome de custos de sustentação ou outro nome.

Por que custo dos produtos nos fluxos de valor?

– Professor, será que já podemos falar sobre os custos dos produtos? Já sabemos bem sobre o custo médio dos produtos de cada fluxo de valor – pede Ana Cláudia, ansiosa.

– Claro, Ana – responde Anatole. – Mas, antes, me diga: por que precisamos conhecer os custos dos produtos?

– É fácil, professor... – diz Ana Cláudia, confiante. – Ontem tive uma aula de mestrado sobre precificação. Então, as principais razões pelas quais necessitamos conhecer os custos individuais dos produtos são:

- ❖ Decisões de precificação.
- ❖ Margens de lucro nas linhas de produtos e nos clientes.
- ❖ Medição de desempenho da fábrica (usando medições de eficiência, utilização, variações de custos e absorção).
- ❖ Melhoramento do processo a partir da análise dos custos dos produtos e das variações.
- ❖ Decisões de fazer ou comprar.
- ❖ Valorização dos inventários.

Para surpresa de todos, Anatole diz:

– Quando usamos o custeio do fluxo de valor, não é necessário conhecer o custo de produtos específicos para tomar as decisões que a Ana Cláudia enumerou. Pelo silêncio de vocês, acredito que estão aguardando minhas razões para ter tomado essa posição. Prestem bastante atenção ao que vou explicar.

– As decisões de preços para organizações enxutas, explica ele, nunca foram feitas precisando do custo dos produtos. A organização enxuta foca o valor criado para o cliente ou para o mercado. É o valor ao cliente que determina o preço. O valor para o cliente não tem relação de causa e efeito com o custo do produto. Considerando que os preços são determinados pelo mercado, somente temos que fazer outra pergunta em resposta a essa questão: Será que estamos produzindo um lucro nesse produto se o vendermos a esse preço? Repito que é inútil determinar a lucratividade apenas tomando-se como referência o produto. A abordagem correta é olhar para o potencial do pedido e trabalhar o seu efeito na lucratividade do fluxo de valor como um todo. Vejam o exemplo mostrado na Tabela 5.8.

– Como pode ser visto, os custos padrão não influenciam necessariamente o desempenho do fluxo de valor ou da célula, ou mesmo da fábrica como um todo. O exemplo da Tabela 5.8 mostra que, para a decisão de se aceitar um pedido novo de 20 unidades, o custo de conversão se mantém, pois supostamente o fluxo de valor possui capacidade para tal. A análise independe do custo do produto, e a figura mostra que é maior a lucratividade com o novo pedido.

Decisão de fazer ou comprar

A decisão de fazer ou comprar também nos remete à lucratividade do fluxo de valor como um todo. Usar o custo padrão tradicional para tomar a decisão de comprar ou fazer um item pode ser perigoso, porque o custo padrão provavelmente irá levar a uma

Tabela 5.8
Exemplo de lucratividade usando custeio do fluxo de valor

	Lucratividade atual 160 unidades	Lucratividade com novo pedido 180 unidades	Novo pedido 20 unidades
Receita	R$ 98.400	R$ 110.700	R$ 12.300
Custo de materiais	R$ 39.360	R$ 44.280	R$ 4.920
Custos de conversão	R$ 26.879	R$ 26.879	
Lucro do fluxo de valor	R$ 32.161	R$ 71.159 R$ 39.541	R$ 7.380
Margem	32,68%	35,72%	↑ Contribuição do pedido

Fonte: Adaptada de Maskell e Baggaley (2004).

decisão errada. Se o fluxo de valor tem capacidade adicional para fazer o item, então não existe razão financeira para fazê-lo no fornecedor externo. Pode-se dizer que o custo de fazer internamente é quase zero, porque os custos das máquinas, do pessoal e das facilidades já foram devidamente pagos. Alternativamente, se não houver capacidade dentro do fluxo de valor, então o custo de fazer o produto internamente será o custo de obter recurso adicional para fazer o produto. Esses recursos podem ser simplesmente um custo de horas extras adicionais, ou mesmo a representação de um investimento de capital para aumentar a capacidade produtiva.

Ana Cláudia faz outra pergunta:

– Professor, eu gostaria de saber se o senhor poderia dar um exemplo numérico da tomada de decisão através do fluxo de valor quando se trata de decidir fazer internamente na empresa ou comprar de fora.

– Sim, Ana. Vou apresentar, então, um exemplo de comprar ou fazer, como você perguntou. Utilizarei o exemplo apresentado na Tabela 5.9 que vocês veem nessa tela. Trata-se de tomar a decisão de fazer ou comprar um incremento de mil unidades. O

Tabela 5.9

Decisão de comprar ou fazer em uma empresa enxuta

	Situação atual	Fazer o produto	Comprar na China Preço=R$85	Comprar localmente Preço=R$182
Receita	R$ 1.611.456	R$ 1.611.456	R$ 1.611.456	R$ 1.611.456
Receita adicional	0	R$ 210.000	R$ 210.000	R$ 210.000
Materiais	490.296	586.296	575.296	672.296
Empregados	217.866	239.652	217.866	217.866
Máquinas	35.696	39.266	35.696	35.696
Processo externo	142.705	142.705	142.705	142.705
Garantia	5.518	7.449	5.518	5.518
Ferramentas	21.309	22.375	21.309	21.309
Facilidades	56.100	56.100	56.100	56.100
Outros custos	18.740	19.489	18.740	18.740
Transporte adicional			48.000	4.321
Lucro fluxo de valor	R$ 623.226	R$ 708.124	R$ 700.226	R$ 646.905
ROS	38,67%	38,88%	38,44%	35,52%
Taxa de retorno	46%			
Fluxo de caixa Inventário	221.163	234.433	448.961	316.484

Fonte: Adaptada de Maskell e Kennedy (2007).

preço unitário de venda é de R$ 210,00; se adquirido na China, o preço unitário é de R$ 85,00; e se adquirido localmente, o preço é de R$ 182,00. O método do custeio do fluxo de valor é rápido e simples e provê informação que todos podem entender, sendo, por isso, uma excelente ferramenta para controlar os custos. Por outro lado, não necessita utilizar um custo padrão para os produtos, mesmo que a maioria das companhias use custos padrão (ou outro método de absorção) para a tomada de decisões relacionadas a precificação, cotação, fazer/comprar, equipamento de capital, etc. Quando for usado o custeio do fluxo de valor, essas decisões são feitas sem referência aos custos dos produtos, mas levando em conta o fluxo de valor como um todo. Isso mostra que não é necessário para uma companhia enxuta calcular os custos dos produtos. Algumas companhias, contudo, requerem um custo de produto apenas para o cálculo dos preços de transferência quando os produtos atravessam suas fronteiras, e ocasionalmente um custo de produto para valorizar seus níveis de inventário. Voltando à tabela, pode-se ver a situação atual da empresa e o que ocorre quando ela resolve fazer o produto ou comprá-lo. Obviamente, a receita vai aumentar com a venda adicional prevista (R$ 210.000,00). No caso de fazer internamente na empresa, haverá necessariamente incremento nas despesas de materiais, de pessoal, de máquinas, de garantia de qualidade, de ferramentas dentre outros custos. Permanecem inalterados os custos de processo externo e facilidades. Como resultado, tem-se o maior lucro do fluxo de valor, que é de R$ 708.124,00. No caso de compra externa, existem duas opções. A primeira seria comprar diretamente da China, com custo de aquisição mais baixo, caso em que permaneceriam inalterados todos os custos: empregados, máquinas, processo externo, garantia de qualidade, ferramentas, facilidades, etc. Contudo, teria de ser incluído o acréscimo de R$ 85.000,00 em materiais, correspondente à compra do lote, e ainda o custo de transporte adicional de R$ 48.000,00. A segunda opção seria a do produto comprado localmente, em que existe um acréscimo de R$ 182.000,00, correspondente à compra do lote de mil unidades, mais um transporte adicional de R$ 4.321,00, sendo que os demais custos permanecem inalterados. Portanto, neste exemplo, a decisão é fazer na empresa as mil unidades adicionais.

O professor Anatole prossegue explicando que o mesmo raciocínio se aplica ao analisar a rentabilidade de produtos ou clientes. Não é necessário olhar para o custo individual de um produto. Precisamos, diz ele, olhar para o efeito da mudança na lucratividade do fluxo de valor. Se uma determinada família de produtos é removida do fluxo de valor, o que acontece com a lucratividade total do fluxo de valor? De forma semelhante, o efeito de remover determinado cliente é acessado no nível do fluxo de valor, não no nível do produto individual ou do cliente.

A introdução de novos produtos exige uma análise semelhante a que fizemos – continua o professor. – Se existe capacidade disponível dentro do fluxo de valor, então a introdução de um produto novo irá aumentar a lucratividade do fluxo de valor pela contribuição daquele produto. A contribuição é o retorno menos os custos diretos externos ao fluxo de valor. Os materiais diretos externos ao fluxo de valor são justamente os materiais e componentes requeridos, mas às vezes podem incluir outros custos de processamento externo, ou outros serviços requeridos fora da companhia. Custos de mão de obra e máquinas não estão incluídos na contribuição. Se o fluxo de valor não tem capacidade disponível suficiente para fazer os produtos adicionais, então a lucratividade do fluxo de valor é calculada levando em conta o pessoal e as máquinas necessários para atender a capacidade adicional requerida.

Avaliação de inventários

Custos padrão não são necessários para avaliar inventários. Quando o *lean* é introduzido, os níveis de inventário caem substancialmente, como sabemos. Se os níveis de inventários são baixos, então a valorização é bem menos importante do que quando eles são altos. Por exemplo, se o inventário é de três meses de demanda de clientes, então é importante valorizar esse inventário de uma forma detalhada, com o uso de custos padrão da contabilidade tradicional. Se o inventário é menor que cinco dias de vendas, esse detalhamento já não é mais necessário. E no caso de inventários baixos e sob controle, há diversos métodos para calculá--los. Assim, podem ser utilizadas formas de valorização, como a contagem, quando se calcula o número de dias de vendas que esse inventário representa, e se multiplica esse número pelo custo diário do fluxo de valor. Contar inventário é rápido e fácil, porque o inventário é baixo e pode ser gerenciado visualmente.

Ana Cláudia insiste:

– Entendi perfeitamente suas observações, professor. Contudo, o senhor nos disse que mesmo assim seria possível calcular os custos dos produtos no fluxo de valor. Como seria isso?

– Realmente já está na hora de abordar esse tema, Ana – diz Anatole. – Contudo, pelo adiantado da hora, e pelo volume de informações que vimos hoje, deixaremos para a próxima semana. Obrigado a todos, e até lá!

❖ Resumo

Vimos neste capítulo que o mapeamento do fluxo de valor é utilizado para diagramar um processo e identificar e quantificar desperdícios e procedimentos não apropriados, como superprodução, espera, movimentos desnecessários, etc. Essa análise do fluxo permite que se identifique o que não adiciona valor nem para o cliente nem para o negócio. Entre as diversas técnicas que embasam a produção enxuta, tem importância, também, a forma de produção caracterizada pelos *layouts* das máquinas. A produção enxuta busca o fluxo da peça única.

Os fluxos de valor cortam as linhas funcionais/departamentais para incluir custos relacionados a *marketing*, despesas de vendas, projeto do produto, engenharia, compras de materiais, distribuição, etc., e o fazem por família de produtos. A contabilidade de fluxo de valor inclui todos os custos associados com a família de produtos, mas não faz distinção entre custos diretos e indiretos. Os custos dos materiais são calculados com base em quanto material foi comprado para o fluxo de valor, em vez de rastrear o uso de material de cada produto específico. O custo total de material do fluxo de valor é a soma de todas as compras do período. Praticamente o único custo alocado aos fluxos de valor é uma carga por metro quadrado para o fluxo de valor de suporte de facilidades (aluguel, utilidades, etc.).

O objetivo do *box score* é fornecer ao gerente do fluxo de valor, bem como a seu grupo, uma visão sumária do desempenho do fluxo de valor. Esse quadro é constituído de três partes: indicadores operacionais, indicadores de recursos de capacidade e indicadores financeiros.

A maioria das decisões que envolvem precificação é feita nos fluxos de valor, sem levar em conta o custo dos produtos. Porém, é apenas em poucos casos que ela se torna realmente necessária (preços de transferência e na exportação de produtos). Nesses casos, se os produtos são similares, utiliza-se o custo unitário médio total ou o custo unitário médio de conversão. No caso de produtos heterogêneos, usa-se o critério de feições e características.

Como os inventários são pequenos, utilizam-se métodos simples de valorização de inventários.

❖ Questões

A partir do que foi visto neste capítulo, procure responder às questões a seguir:

1. Como construir o mapa do fluxo de valor futuro a partir do mapa do fluxo de valor atual?
2. Diferencie *layout* por produto de *layout* funcional.
3. Explique o que é *layout* em células de produção.
4. Analisando o *layout* funcional/processos da figura que segue (p. 127):

    a) qual é a produção em unidades por horas?
    b) qual é o tempo de processamento total dessa produção horária?
    c) qual é o tempo total do lote?

d) qual é o tempo de processamento que não agrega valor?
e) qual é o *layout* por células de produção?
f) qual é o tempo decorrido para a primeira unidade na célula de produção?
g) qual é o tempo decorrido para a décima unidade na célula de produção?
h) qual é o tempo economizado sobre a produção tradicional?

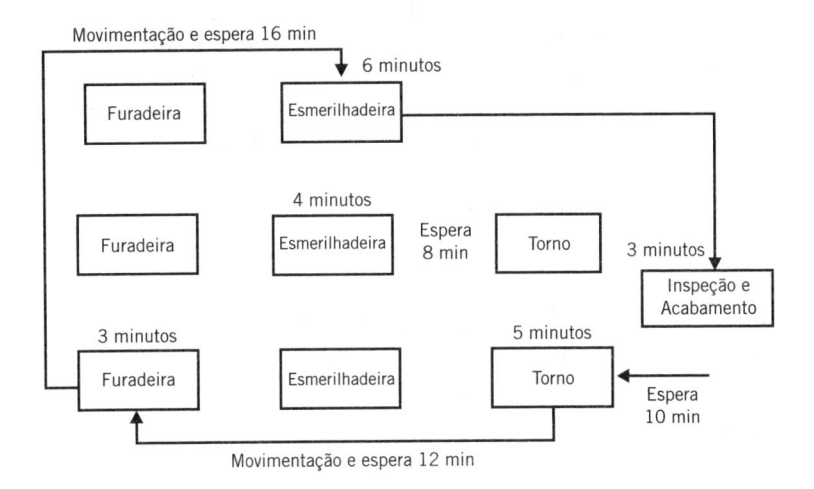

```
Movimentação e espera 16 min
                          ↓ 6 minutos
  [Furadeira]    [Esmerilhadeira] ─────────────────┐
                                                   │
                 4 minutos                         │
  [Furadeira]    [Esmerilhadeira]  [Espera 8 min]  [Torno]  3 minutos
                                                            ↓
                                                   [Inspeção e Acabamento]
  3 minutos                          5 minutos
  [Furadeira]    [Esmerilhadeira]              [Torno] ← 
                                                       Espera 10 min
         ↑  Movimentação e espera 12 min
```

5. Por que, quando se passa da produção em massa tradicional para a produção através de fluxo de valor, a lógica da determinação dos custos não depende do consumo de recursos (mão de obra e máquina) despendidos pelos produtos?

6. Qual a lógica de se utilizar o critério de metro quadrado para ratear os custos de facilidades (utilidades, aluguel, manutenção de prédios, etc.)?

7. Por que a maioria prefere utilizar, no fluxo de valor, o custo unitário médio de conversão em vez do custo unitário médio total?
8. Explique o que é, e para que serve, o *box score*.
9. Por que não se necessita dos custos dos produtos na análise da maioria das decisões que envolvem a precificação dos produtos?
10. Explique como tomar decisões no fluxo de valor concernentes a fazer ou comprar.
11. Explique como a empresa enxuta calcula os inventários.
12. A APCO S.A. é uma empresa manufatureira e, no momento, está analisando se deve comprar uma peça fabricada internamente no fluxo de valor, que é necessária para a produção nesse fluxo. A receita do fluxo de valor é de R$ 4.000.000,00. Atualmente, o custo de materiais é de R$ 1.700.000,00 e o de conversão é de R$ 860.000,00. Se a companhia comprar a peça externamente, os custos de materiais deverão ser de R$ 1.940.000,00 e os de conversão de R$ 780.000,00.

Explique, justificando, se a companhia deveria continuar a fazer a peça ou comprar de um fornecedor.

❖ Notas

1. Ver ROTHER, M.; SHOOK, J. *Aprendendo a enxergar*: mapeando o fluxo de valor para agregar valor e eliminar o desperdício. São Paulo: Lean Institute Brasil, 1999.

Capítulo 6

Cálculo dos custos dos produtos: feições e características

– Bom dia, pessoal – anuncia o professor Anatole, procurando conter o burburinho e a agitação do auditório lotado para mais uma de suas apresentações. Mas antes de tratar do tema prometido, pede a atenção de todos para a questão do planejamento da empresa na produção enxuta. Esse é um processo bastante diferente do desgastante orçamento anual utilizado por grande parte das organizações, explica. É uma ação realizada mensalmente, uma espécie de planejamento de curto e médio prazo.

– Vendas, operações e planejamento financeiro são processos de planejamento formal rigoroso, completados a cada fluxo de valor – acrescenta o professor, passando a detalhar um pouco mais como se dá o planejamento financeiros em empresas *lean*.

– Vendas e *marketing* providenciam previsões para o número de produtos que serão vendidos por um fluxo de valor a cada mês nos próximos 12 meses, por exemplo. Estas são previsões de alto nível do total de unidades de vendas, embora, às vezes, torne-se útil também baixar um nível e prever famílias de produtos dentro do fluxo de valor. O pessoal de operação providencia previsões de capacidade do fluxo de valor a cada mês para os 12 meses seguintes, e a engenharia de produtos prepara os planos para a introdução de novos produtos. A partir de uma série de encontros rigorosamente programados, a demanda do cliente é comparada com os recursos de capacidade da produção. O encontro final de vendas, operações e planejamento financeiro é dirigido pelo maior nível da empresa, muitas vezes o presidente executivo ou o presidente do conselho, e um planejamento por toda a companhia é então deslanchado. Todos na organização podem comprar dentro desse plano porque foi desenvolvido de forma cooperativa. Vendas, operações e planejamento financeiro são o processo de planejamento das companhias enxutas. Eles proveem, não só para o curto prazo, atualizações de itens, como o número de *kanbans* e a quantidade de pessoas para as células, como também fazem um planejamento de longo prazo com equipamentos de capital e admissão ou realocação de pessoal.

O resultado do planejamento financeiro desse processo é atualizar os orçamentos a cada mês de uma forma simples que se contraponha ao enorme e coreográfico orçamento com que a maioria das companhias está engajada. Os resultados mensais de curto prazo são também calculados, o que diminui a necessidade do processo de demonstrativos de fechamento de final de mês (Maskell; Kennedy, 2007).

– Dito isso – prossegue Anatole tranquilamente –, os fluxos de valor são formados em torno dos produtos com processos comuns. As células dentro dos fluxos de valor são então estruturadas de modo a constituir uma família de produtos, ou partes, que requerem a mesma sequência de fabricação. Conforme já falei, na maioria das vezes não há necessidade de se conhecer o custo dos produtos dentro dos fluxos de valor. Contudo, há situações em que é importante conhecer os custos dos produtos individuais como, por exemplo, na transferência de produtos de uma divisão para outra da empresa. Além disso, nos casos de exportação é necessário que o preço do produto esteja nos documentos de exportação. Assim, se os produtos não forem homogêneos, usam-se os critérios de feições e características para calcular os custos dos produtos nos fluxos de valor. O custo do produto é, então, determinado pela taxa do produto a partir do fluxo de valor, e as seguintes perguntas precisam ser respondidas:

❖ Quais são as feições características que criam o custo?
❖ Quantas feições e características agregam ao custo dos produtos?
❖ Quais dessas feições e características se relacionam a decisões de projeto do produto?
❖ Quais dessas feições e características se relacionam com o valor que os clientes colocam nos produtos?
❖ Quais dessas feições e características será necessário modificar ou melhorar a fim de se criar maior valor para os clientes?

As empresas usam feições e características para calcular os custos dos produtos quando necessário, explica o professor. Essas características dos produtos reconhecem que o fluxo de valor é projetado com base em processos comuns para fazer produtos similares. É necessário, então, somente definir como um produto individual sai do normal e entender como ele significativamente difere da média.

Como vimos antes, o custo do produto médio é igual ao custo total do fluxo de valor dividido pelo número de unidades embarcadas. Durante o período, o número de unidades que podem ser embarcadas é limitado pelo número que pode ser processado pela operação de restrição/gargalo (Cogan, 1999; 2007; Goldratt, 1991).[1]

Anatole chama a atenção de todos para uma figura que acaba de ganhar a tela.

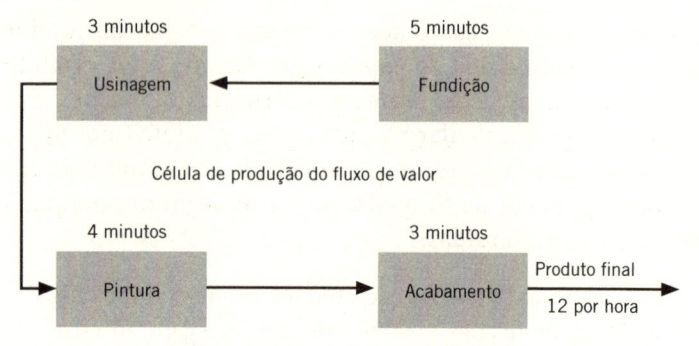

```
   3 minutos                    5 minutos
  ┌──────────┐                ┌──────────┐
  │ Usinagem │◄───────────────│ Fundição │
  └──────────┘                └──────────┘

        Célula de produção do fluxo de valor

   4 minutos                    3 minutos
  ┌──────────┐                ┌───────────┐      Produto final
  │ Pintura  │───────────────►│ Acabamento│────►
  └──────────┘                └───────────┘      12 por hora
```

O custo de um produto é dependente do tempo de ciclo através da operação gargalo.

Figura 6.1
Tempo de ciclo no fluxo de valor.

– Pessoal, observem bem esta figura. Ela ajuda a entender melhor do que estou falando. Nela podemos ver que a restrição encontra-se na operação fundição, que exige cinco minutos por peça e, portanto, é a mais lenta. São completadas apenas 12 unidades por hora na célula desse fluxo de valor, pois a fundição, como restrição, comanda essa quantidade.

Ele prossegue, explicando que a célula só pode trabalhar na velocidade de sua operação restrição. Entretanto, na maioria das vezes, no fluxo de valor nem todos os produtos consomem o mesmo tempo de ciclo da operação restrita. Dependendo de suas feições e características, os produtos irão consumir mais ou menos do tempo da operação de restrição do que do tempo do produto médio. No exemplo, pode ser que existam alguns produtos que consumam três minutos e outros que consumam sete minutos do tempo de restrição, sendo que o produto médio consome cinco minutos. Um objetivo principal das feições e características é verificar como os produtos consomem, de forma diferente, os recursos que são restritos.

– Dois alertas aqui, pessoal – diz Anatole. – O primeiro é que ninguém deve pensar que a utilização desse critério nos dará custos muito precisos. Sempre que possível, é melhor evitá-lo. Contudo, sua simplicidade é amplamente favorável para o custeio do fluxo de valor, se comparado com as demais técnicas, considerando que, na maioria dos casos de tomada de decisão de precificação, não é necessário obter o custo do produto individual. E somente usaremos o critério de feições e características nos poucos casos de absoluta necessidade de precificação individual dos produtos e, ainda assim, se eles forem heterogêneos no fluxo de valor. O segundo alerta (Maskell; Baggaley, 2004) é: usem as quantidades de unidades embarcadas e não as unidades produzidas no cálculo dos custos unitários médios do fluxo de valor. O uso de unidades produzidas, nesses cálculos, estimularia a formação de estoques, o que definitivamente não é o que se deseja na produção enxuta.

❖ Impacto da restrição

O professor Anatole exibe, então, a Figura 6.2, onde podem ser vistos dois modelos, A e B, na célula de produção. Os custos de material desses dois modelos são iguais, prossegue ele.

– Considerando que, para o modelo A, a restrição é a operação de pintura, com 10 minutos, restrição igual a do modelo B, nesse caso com 12 minutos, teremos a taxa de produção, os custos e os custos unitários expostos a seguir.

Taxa de produção:
  Modelo A: 60/10 = 6 un
  Modelo B: 60/12 = 5 un
Custos:
  Material: R$ 70,00
  Conversão: R$ 180,00/h

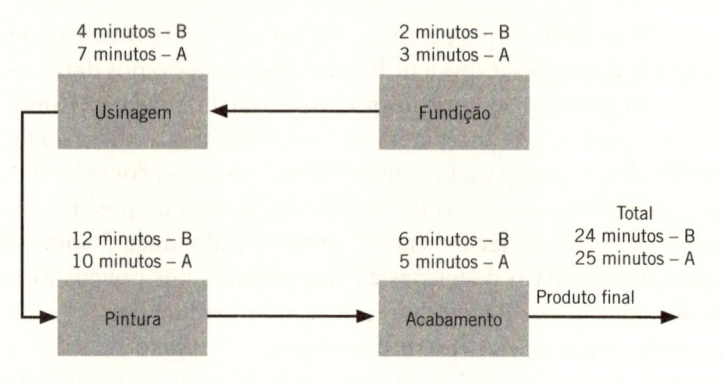

Figura 6.2
Impacto do gargalo no custo do produto.
Fonte: Adaptada de Hansen, Mowen e Guan (2009).

Custo unitário:
Modelo A: R$ 70 + (R$ 180/6) = R$ 100,00
Modelo B: R$ 70 + (R$ 180/5) = R$ 106,00

❖ Impacto das feições e características

Exemplo 1: Depois de uma pausa para um copo de água, o professor Anatole parte para um exemplo que pretende esclarecer tudo o que foi falado até ali. Mostra uma tabela (6.1, a seguir) com dois produtos, um de aço comum (modelo A) e outro de aço inoxidável (modelo B). Ambos os modelos podem ser fornecidos em três tamanhos, acrescenta. Foi definido ainda que as feições e características que criam esses produtos são duas: o tamanho da roda e o conteúdo de material de cada roda. Anatole informa ainda que o custo médio de conversão é de R$ 51,50 por unidade; o custo unitário do material do modelo A é de R$ 80,00; e o custo de material do modelo B é de R$ 100,00.

A Tabela 6.1 mostra que as feições e características, tamanho médio e aço comum, considerando seu impacto na restrição, le-

Capítulo 6 – Cálculo dos custos dos produtos   **135**

Tabela 6.1
Custo de conversão do produto

Tamanho	Materiais	
	Aço comum	Aço inoxidável
Pequeno	0,90	1,08
Médio	1,00	1,20
Grande	1,25	1,50

Fonte: Adaptada de Hansen, Mowen e Guan (2009).

vam a um custo médio de conversão de R$ 51,50 (= 51,50 × 1,00) por unidade do modelo A para o tamanho tipo médio, isso em função da capacidade de absorver a restrição do sistema. Caso esse modelo seja produzido em aço inoxidável, haverá um maior consumo de recursos da restrição, da ordem de 20%. Caso o modelo A, quer seja de aço comum ou inoxidável, seja produzido no tamanho pequeno, haverá, em função da utilização da restrição, uma redução de 10% no custo médio de conversão. E caso sejam produzidos os modelos de tamanho grande, o aumento no custo de conversão médio será de 25% para ambos os modelos. Esses valores são indicativos da redução ou do aumento das quantidades produzidas na restrição. Isso posto, veja o cálculo do custo unitário dos modelos A e B, considerando que ambos são de tamanho médio:

Modelo A: R$ 80,00 + R$ 51,50 × 1,00 = R$ 131,50
Modelo B: R$ 100,00 + R$ 51,50 × 1,20 = R$ 161,80

Exemplo 2: Um novo exemplo corrobora o fato de que, no fluxo de valor, o custo de um produto ali fluindo não depende da quantidade de mão de obra e tempo de máquina usado para fazer o produto. O custo é dependente da taxa de fluxo através do fluxo de valor, do *mix* de produtos fabricados em qualquer tempo, do volume do produto sendo puxado pelo cliente e, também, dos problemas de negócios que ocorreram naquele dia. Para um exemplo, vejamos a Figura 6.3.

O fluxo de valor fabrica três produtos: X, Y e Z. Cada produto passa por três células, cada qual com um grupo de pessoas e máquinas. Usando o custeio do fluxo de valor, pode-se calcular o custo total de conversão (excetuando-se o material) do fluxo de valor como R$ 1.000,00 por hora. Quando o fluxo de valor faz o produto X, ele pode fazer quatro por hora porque é restringido pelo tempo do tratamento térmico de 15 minutos por unidade. Então, o custo de conversão do produto X é de R$ 250,00 por unidade (R$ 1.000,00/4 unidades). Similarmente, o custo do produto Y é também de R$ 250,00 por unidade. Apesar de haver muito mais mão de obra e tempo de máquina requerido para fazer Z, existem quatro produtos fabricados por hora, e o custo de conversão por unidade é de R$ 200,00 (R$ 1.000,00/4 unidades). Assim, o total de tempo necessário para fazer Z é de 34 minutos, enquanto os tempos para fazer X e Y são de 31 e 32 minutos, respectivamente. Porém, o custo de um Z é menor que o de um X. O custo de um produto não está relacionado com a quantidade de mão de

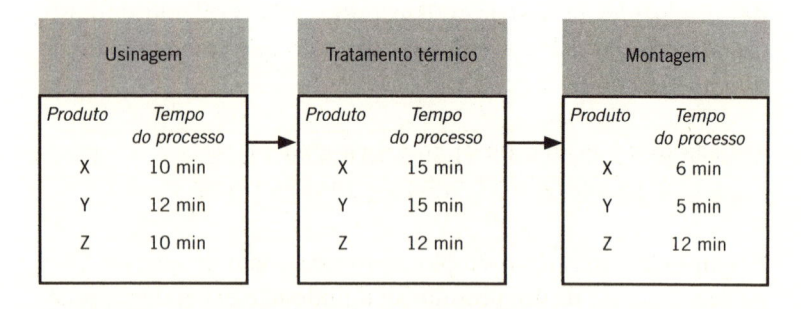

Usinagem		Tratamento térmico		Montagem	
Produto	Tempo do processo	Produto	Tempo do processo	Produto	Tempo do processo
X	10 min	X	15 min	X	6 min
Y	12 min	Y	15 min	Y	5 min
Z	10 min	Z	12 min	Z	12 min

Figura 6.3
Exemplo de três processos.
Fonte: Maskell e Kennedy (2007).

obra ou tempo de máquina despendido. Ele se baseia na taxa de fluxo através do fluxo de valor.

Se, a qualquer tempo, for usado o custeio tradicional por absorção para tomada de decisão em uma companhia que utiliza o método *lean*, existirá uma grande probabilidade de serem encontrados erros sérios. Os produtos serão precificados erroneamente, e podem acontecer falhas como a de retirar de linha produtos lucrativos, ou a de se entregar a fornecedores externos pedidos que devessem ser feitos internamente.

Exemplo 3: Usar feições e características é uma forma mais rápida, fácil e acurada de calcular o custo do produto. A Tabela 6.2 mostra um exemplo de custos de feições e características que são autoexplicativos.

Tabela 6.2

Exemplo de um quadro de custo de traços e feições características

Número de acabamentos Anéis	2 Sim	2 Não	3 Sim	3 Não	4 Sim	4 Não
Custo de material	R$ 17,65	R$ 17,65	R$ 22,06	R$ 22,06	R$ 26,48	R$ 26,48
Custo de máquina – R$ 6,861 por acabam.	R$ 13,72	R$ 13,72	R$ 20,58	R$ 20,58	R$ 27,44	R$ 27,44
Custos de classificação – R$ 0,395 por acabam.	R$ 0,79	R$ 0,79	R$ 1,19	R$ 1,19	R$ 1,58	R$ 1,58
Custos de anéis – R$0,780 por acabam.	R$ 1,56	R$ 0,00	R$ 2,34	R$ 0,00	R$ 3,12	0,00
Custos totais	R$ 33,72	R$ 32,16	R$ 46,17	R$ 43,83	R$ 58,62	R$ 55,60

Fonte: Maskell (2004).

Exemplo 4: Considere que a restrição é a operação de furação. O produto típico contém quatro furos e quatro gaxetas (dois furos por inserção), conforme a Tabela 6.3, que também é autoexplicativa. O custo real para fazer esse produto é:

Tabela 6.3

Produto operacionado

Furos	2	3	4	5	6	7	8
Custo de material	R$ 10,00	R$ 10,00	R$ 10,00	R$ 10,00	R$ 10,00	R$ 14,00	R$ 14,00
Custo de conversão	R$ 5,50	R$ 6,00	R$ 6,00	R$ 6,50	R$ 6,50	R$ 7,00	R$ 7,00
Custo estimado do produto	R$ 15,50	R$ 16,00	R$ 16,00	R$ 16,50	R$ 16,50	R$ 21,00	R$ 21,00

Fonte: Kennedy (2008).

Material   R$ 10,00
Custo de conversão   R$ 6,00
Custo médio do fluxo de valor   R$ 16,00

– Professor, sou eu de novo – diz Ana Cláudia. – Como o senhor sabe, fiquei muito impressionada com as aulas que o senhor apresentou sobre a contabilidade de ganhos da teoria das restrições; aliás, seguimos um de seus livros sobre o tema. Agora, com as suas apresentações sobre a contabilidade enxuta, fiquei ainda mais impressionada e interessada no tema, sobretudo na simplicidade do custeio do fluxo de valor, um verdadeiro *ovo de Colombo* da realidade atual. Então, tive a ideia de que meu projeto de pesquisa para o mestrado pode se relacionar com a determinação de custo dos produtos do fluxo de valor utilizando a contabilidade de ganhos da teoria das restrições. O que o senhor acha?

– Ótima ideia Ana Cláudia. Na próxima palestra, gostaria que você apresentasse algo sobre isso. Por hoje, vamos ficando por aqui. Semana que vem ouviremos atentamente o que a nossa simpática Ana Cláudia nos trará sobre a aplicação da teoria das restrições no custeio de valor.

Uma semana depois o grupo está novamente reunido no auditório da Ordem Regional dos Contadores para mais um encontro semanal. Desta vez o professor Anatole terá o auxílio de Ana Cláudia, que, torcendo as mãos de ansiedade, aguarda o momento de ser chamada à frente da plateia para fazer a sua apresentação.

Antes de Ana Cláudia assumir o posto, Aldemir, que preside a Ordem dos Contadores, toma palavra para fazer um pedido:

– Professor Anatole, o senhor tem vários livros sobre custeio baseado em atividades (ABC) e é, inclusive, considerado um dos precursores dessa técnica no país. Pergunto se o custeio ABC pode ser aplicado para calcular os custos dos produtos no fluxo de valor?

– Bem observado, Aldemir. Vou repetir algo que já tenho dito: o custeio ABC é uma boa técnica, e fez muito sucesso na década de 1990. Contudo, por sua complexidade, as empresas o estão abandonando por um modelo de contabilidade de custos mais simples, que é o custeio do fluxo de valor. Existem, pelo menos, dois autores (Cogan, 1994; Dhavale, 1992) que utilizam um modelo com células de produção no qual custos indiretos nas células se comportam como se diretos fossem, além disso, para as outras despesas fora das células, foram utilizados direcionadores do custeio ABC para a determinação final dos custos. Na realidade, isso apresenta similaridade com os fluxos de valor. Não acho que seja pertinente abordar esse modelo aqui com vocês, nem mesmo colocá-lo em meu livro. Contudo, pela simplicidade da TOC, vejo, assim como a Ana Cláudia, uma possibilidade de utilizá-lo com o custeio do fluxo de valor. E como já conversamos anteriormente, a maioria das decisões em que se precisa usar o custo do produto é tomada utilizando-se tão somente o comportamento dos custos no fluxo de valor. Apenas em alguns poucos casos é que se precisaria conhecer os custos individuais dos produtos como, por exemplo, para preços de transferência entre empresas e exportação. Nesses poucos casos, usamos apenas o custo médio do fluxo de valor ou um critério baseado em feições e características. Vamos, então, ver o que a simpática Ana Cláudia tem para nos mostrar sobre fluxo de valor com a TOC.

– Puxa vida, professor, agora o senhor me colocou em uma *saia justa*. Que responsabilidade! E isso na presença de meu mestre da YPH, de meu chefe na empresa, o Paulo, e do nosso gerente geral, o Marcos. Não posso fazer feio...

Ouvem-se algumas risadas entre os presentes.

– Bem – continua Ana Cláudia –, pensei muito em casa e não dormi direito muitas noites, tal é o meu entusiasmo com o assunto. Assim, para hoje, preparei algumas transparências do livro que o professor Anatole lançou alguns anos atrás. Inicialmente, irei mostrar como a contabilidade de ganhos da TOC calcula o *mix* ótimo de produtos (Cogan, 2007; Goldratt, 1991). Em seguida, mostrarei como isso se aplica no fluxo de valor para a determinação dos custos dos produtos individuais.

❖ Cálculo do *mix* ótimo de produtos com a TOC

– O modelo de tomada de decisão da teoria das restrições pode ser exemplificado pelo conhecido exemplo dos produtos P e Q (Goldratt, 1991).

– A Figura 6.4 mostra um ambiente de manufatura em que dois produtos, P e Q, são produzidos. Os preços de venda de P e Q são, respectivamente, R$ 90,00 e R$ 100,00 por unidade. A demanda semanal do produto P é de 100 unidades, e a do produto Q é de 50 unidades. Existem quatro centros de trabalho (recursos) nessa operação: A, B, C e D. Cada centro é representado por um recurso/tipo de funcionário que tem uma máquina que pode operar 2.400 minutos por semana (8 h × 60 min × 5 dias). A Tabela 6.4 identifica o tempo requerido em cada centro de trabalho para cada produto realizar a operação específica para cada um dos produtos finais. Vão ser usados, em seguida, os cinco passos de focalização da teoria das restrições.

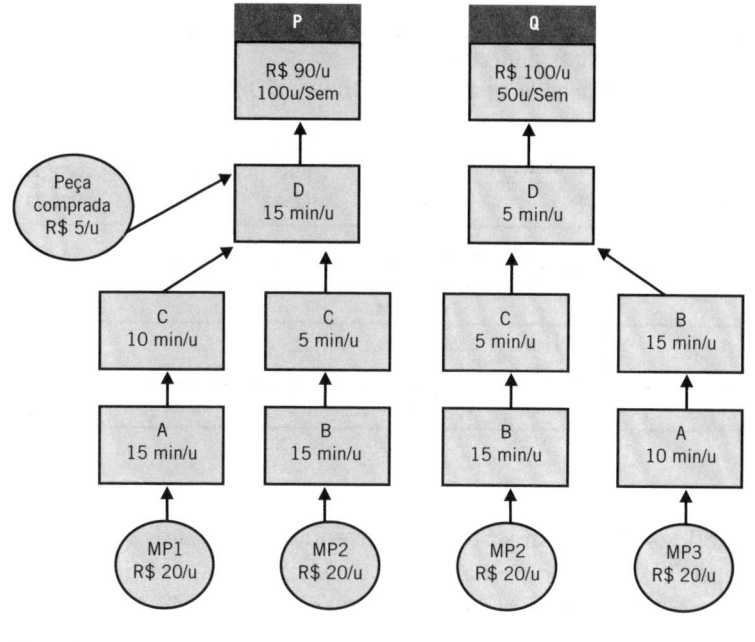

Capítulo 6 – Cálculo dos custos dos produtos **141**

Figura 6.4
Ambiente da produção dos produtos P e Q.
Fonte: Goldratt (1991).

Passo 1: Identificar a(s) restrição(ões) do sistema

A fim de determinar onde pode estar a restrição do sistema, deve-se computar a carga semanal de cada centro de trabalho. Pode-se observar na Figura 9.1, e também nos cálculos realizados na Tabela 6.4 (coluna de minutos por semana), que o recurso A, por exemplo, para o produto P, necessita de 15 min/un. Como a demanda é de 100 un, serão requeridos 1.500 minutos de A para o produto P. Para o produto Q, o recurso A demanda 10 min/un, e como a necessidade desse produto é de 50 por semana, serão re-

Tabela 6.4

Cargas dos centros de trabalho
(baseado na demanda semanal de 100 Ps e 50 Qs)

Recurso	Minutos por semana		Carga por semana	Tempo disponível por semana	% da carga por semana
	P	Q			
A	100 × 15 = 1.500	50 × 10 = 500	2.000	2.400	83
B	100 × 15 = 1.500	50 × 15 = 750 + 50 × 15 = 750	3.000	2.400	125
C	100 × 10 = 1.000 + 100 × 5 = 500	50 × 5 = 250	1.750	2.400	73
D	100 × 15 = 1.500	50 × 5 = 250	1.750	2.400	73

queridos 10 min/un × 50 un, totalizando 500 minutos para o produto Q. A carga por semana será, então, 2.000 minutos inferior ao tempo total disponível, que é de 2.400 minutos, o que corresponde a uma percentagem de carga semanal de 83%.

O mesmo raciocínio se aplica aos demais recursos. Pode-se verificar que a restrição nesse sistema está no recurso B, que requer 3.000 min, enquanto somente existem 2.400 minutos disponíveis a cada semana. Não existe, pois, capacidade para fazer tudo que o mercado demanda em consequência da existência da restrição apontada.

Passo 2: Decidir como explorar a(s) restrição(ões) do sistema

Isso requer que se determine o *mix* de produtos que irá maximizar os lucros. Uma vez que a TOC é baseada na premissa de que o desempenho do sistema é determinado pela capacidade do(s) recurso(s) restrito(s), o foco da TOC está na maximização do uso da restrição em relação aos objetivos. Para que o recurso B seja completamente utilizado, a TOC procura obter o máximo de cada unidade de B. Explorar B significa maximizar o retorno por unidade de B consumida.

Na Figura 6.4, pode-se calcular que o ganho (contribuição), definido pelas vendas menos os materiais comprados, é de 45 para o produto P (= 90 − 20 − 20 − 5) e de 60 para o produto Q (= 100 − 20 − 20). Aparentemente, Q, além de ter a maior receita, é o produto de maior ganho (= 60), enquanto a contribuição do produto P é de 45. Nada mais enganoso, pois a contribuição, na realidade, deverá refletir o ganho por tempo de restrição, no caso, por minuto. Como esses valores são, respectivamente, de 15 e 30 minutos (recurso B) para P e Q, resulta que P é o produto com maior valor por tempo de restrição (45 / 15 = 3), enquanto Q tem o menor valor (60 / 30 = 2).

Assim, para o produto P, que é o mais rentável, tentaremos produzir o máximo possível − no caso, as 100 unidades que o mercado é capaz de absorver. Essa quantidade vai consumir, em termos de tempo do recurso restrito, justamente 100 un × 15 min, o que perfaz o tempo total de 1.500 min. Como a capacidade semanal disponível do recurso é de 2.400 min, resulta que ainda se dispõe de 900 min para a produção do produto Q, o menos rentável. Isso corresponde a uma produção de 30 unidades do produto Q (900 / 30 = 30). O ganho total é G = R$ 100/un × 45 un/sem + R$ 30/unid × 60 un/sem = R$ 6.300/sem.

A Tabela 6.5 apresenta os cálculos que acabaram de ser comentados. Como o ganho representa o preço de venda menos o material direto, ao subtrairmos as despesas operacionais (mão de obra direta mais os custos indiretos), chegaremos ao lucro líquido, conforme mostrado nessa mesma tabela, de R$ 1.300, supondo que as despesas operacionais por semana tenham sido de R$ 5.000.

Outra consideração com relação a esse passo 2 são as vendas. Elas poderão incluir tanto ações como um grupo de trabalho para desenvolver uma sistemática voltada para o reforço das vendas dos produtos mais lucrativos.

Tabela 6.5

Mix ótimo de produtos

Produto	P	Q	Total
Demanda	100	50	
Ganho por unidade	R$ 45	R$ 60	
Minutos de B/unidade	15 min	30 min	
Ganho por unidade de recurso restrito	R$ 3/min	R$ 2/min	
Mix ótimo	100	30	
Ganho total	4.500	1.800	6.300
Despesas operacionais			(5.000)
Lucro líquido por semana			1.300

Passo 3: Subordine tudo ao passo 2

Neste passo, deve-se procurar verificar que todas as providências estejam sendo executadas no que concerne à exploração da restrição como objetivo global. Isso inclui a decisão de soltar ordens para a fábrica comprar matérias-primas, programar todos os outros centros de trabalho, etc. Deseja-se não somente manter a restrição ocupada mas também trabalhar nas coisas certas e, ao mesmo tempo, evitar o crescimento do inventário e das despesas operacionais. A técnica da TOC usada para acompanhar a exploração da restrição chama-se tambor-pulmão-corda (TPC).

Passo 4: Elevar a(s) restrição(ões) do sistema

Neste ponto, são feitos todos os esforços para melhorar o desempenho do sistema em relação a seus objetivos através da elevação da restrição. Melhoramentos como redução do tempo de *set-up* na restrição do sistema, redução do tempo de parada de manutenção preventiva ou aumento do nível de habilidade do operário são ações derivadas do foco que a TOC provê à restrição do sistema. Pode-se rapidamente avaliar o valor da manutenção preventiva ou dos esforços devotados para a redução do tempo de *set-up* para uma restrição comparada com o valor do mesmo esforço para uma operação que não é de gargalo.

Passo 5: Se uma restrição é quebrada, volte ao passo 1. Mas não deixe que a inércia se torne uma restrição do sistema

Assim que a restrição do sistema é quebrada, volta-se ao passo 1. Sem esse passo, a inércia poderia dominar. Continuaremos programando a produção como se a restrição do sistema não tivesse sido mudada, o que estagnaria o melhoramento do processo.

❖ Aplicação da TOC no fluxo de valor

Ana Cláudia continua:

– Mostrei como a TOC calcula o *mix* ótimo de produção de dois produtos, P e Q. Agora, vamos considerar que eles pertençam a uma mesma célula de produção, podendo ser considerados de mesma família. Ambos utilizam os mesmos quatro recursos (A, B, C e D) para a execução dos produtos. O custo unitário de material do produto P é de R$ 45,00, e o do produto Q é de R$ 40,00, conforme a Figura 6.4.

Como exemplo, vamos supor que o custo de conversão do fluxo de valor da semana é de R$ 5.000,00. Então, teríamos:

Custo unitário do Produto P = R$ 45,00 + R$ 5.000,00/100 un = 45,00 + 50,00 = R$ 95,00.

Custo unitário do Produto Q = R$ 40,00 + R$ 5.000,00/30 un = 40,00 + 166,7 = R$ 206,7.

Conclusão: A análise da TOC nos dá qual *mix* otimizará os ganhos da empresa. E o custo dos produtos no fluxo de valor será determinado pelo consumo deles com relação ao recurso (B), que é a restrição, pois é nessa restrição que inexiste sobra de capacidade.

Anatole toma a palavra e diz:

– Estou orgulhoso de você, minha cara aluna. Mas algo que deve ser levado em conta. A TOC, ao considerar o cálculo do *mix* ótimo, está pressupondo a produção empurrada, ou seja, a produção em massa. E, nesse caso, ela indica, já que existe restrição, qual deverá ser o *mix* ótimo para a produção. Então, como se trata de produção enxuta, esse raciocínio pode ser considerado válido somente como uma ajuda para a companhia procurar direcionar suas vendas buscando esse *mix* ótimo. Seria interessante, por exemplo, para ser considerado no planejamento de vendas, operações e planejamento financeiro.

De qualquer forma, não devemos descartar a possibilidade de a TOC ajudar a produção puxada. Vou, então, supor que, na mesma empresa, os produtos P e Q sejam produzidos de acordo com a demanda que vai surgindo, que é o caso da produção enxuta; a produção vai sendo puxada à medida que as vendas vão acontecendo. Então, como exemplo, vamos considerar que, ao final de uma semana, teríamos as seguintes produções:

P = 80 un; e Q = 40 un;

Vemos, na Tabela 6.4, que o gargalo existe e que foram consumidos os seguintes tempos do recurso B, que é o recurso restrito: 80 un × 15 min + 40 un × 30 min = 2.400 min, atendendo ao limite do recurso gargalo, ou seja, os pedidos atingiram exatamente a capacidade do recurso gargalo (recurso B).

Em seguida, seria calculado o custo de cada produto nesse fluxo de valor. Como exemplo, considere que, nessa semana, coincidentemente, os custos de conversão foram os mesmos, R$ 5.000,00. Então, teremos:

Custo unitário do produto P = R$ 45,00 + R$ 5.000,00/80 un = 45,00 + 62,50 = R$ 107,50.

Custo unitário do produto Q = R$ 40,00 + R$ 5.00,00/40 un = 40,00 + 125,00 = R$ 165,00.

Conclusão: A determinação do *mix* ótimo pode ser útil para os trabalhos de planejamento de vendas. Porém, no dia a dia da produção enxuta, a demanda vai comandando a produção (sistema de puxar), e a TOC até pode ajudar a determinar os custos dos produtos individuais. Mas, volto a repetir: a TOC pode ajudar apenas nos poucos casos em que se faz necessária a determinação dos custos dos produtos.

Após um breve momento de silêncio e reflexão no auditório, Marcos, o gerente geral da Águias Poderosas Ltda., se levanta e diz:

– Professor Anatole, agradecemos muito pelas suas palestras. Tenho certeza de que esse tempo que passamos juntos foi muito profícuo para todos. Sugiro, agora, que marquemos nosso último encontro aqui no auditório da ORC, um encontro rápido, porém importante para nossas reflexões sobre o futuro com a contabilidade enxuta.

❖ Resumo

Vendas, operações e planejamento financeiro são um processo vital de planejamento formal rigoroso completado a cada fluxo de valor. Todos na organização se adequam dentro desse plano desenvolvido de forma cooperativa. Ele provê, não só para o curto prazo, atualizações de itens como o número de *kanbans* e a quantidade de pessoas para as células, além de um planejamento de longo prazo com equipamentos de capital e admissão ou realocação de pessoal.

O critério de feições e características permite que se calculem os custos dos produtos do fluxo de valor quando ele é constituído de produtos heterogêneos. Essa abordagem mostra que o custo do produto não é determinado pelo consumo de recursos necessários para a fabricação de cada produto (mão de obra e tempo de máquina), mas sim pela taxa de fluxo do produto através do fluxo de valor, que é limitado pelo recurso restrito/gargalo. Isso conduz, então, a um custo mais alto ou mais baixo, dependendo de o consumo ser maior ou menor no recurso restrito. Esse raciocínio remete à aplicação da teoria das restrições no fluxo de valor a partir da contabilidade de ganhos da TOC. Isso se dá tanto ao se maximizar o *mix* ótimo para o planejamento de vendas, operações e planejamento financeiro, quanto ao se calcular os custos de conversão para o *mix* de produção demandado no período, considerando-se os recursos consumidos na restrição.

❖ Questões

A partir do que foi visto neste capítulo, procure responder às questões a seguir:

1. Qual é a lógica da abordagem do critério de feições e características na determinação dos custos dos produtos?
2. Discuta o uso do critério de feições e características e outras técnicas como o custeio ABC.
3. Explique como a contabilidade de ganhos da TOC se aplica no custeio do fluxo de valor.
4. Uma companhia de produtos manufaturados, em um de seus fluxos de valor, produz três produtos (X, Y e Z) em células de produção. Cada produto passa por três células, cada uma com um grupo de pessoas e máquinas dedicadas totalmente à célula. Usando o custeio do fluxo de valor, pode-se calcular o custo total de conversão do fluxo de valor como de R$ 45,00 por hora. O custo do material de cada produto é de R$ 10,00. O tempo gasto em cada produto está informado na figura a seguir.

Assim

a) assumindo uma produção contínua, qual é a taxa de produção de cada produto?
b) utilizando o custeio pelo critério de feições e características para distribuir os custos de conversão para cada produto, qual é o custo unitário total de cada produto?
c) usando o método do custeio tradicional, que usa o tempo total para distribuir os custos, qual é o custo unitário total de cada produto?

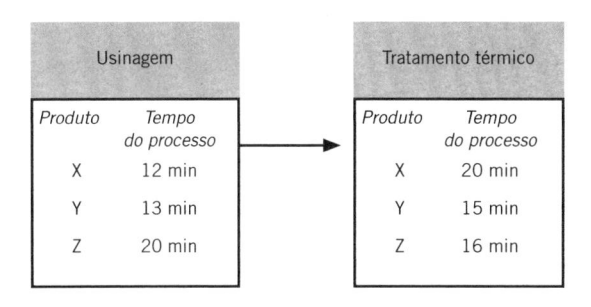

Usinagem		Tratamento térmico	
Produto	Tempo do processo	Produto	Tempo do processo
X	12 min	X	20 min
Y	13 min	Y	15 min
Z	20 min	Z	16 min

5. Considere o exemplo ilustrado pela Figura 6.4 e pelas Tabelas 6.4 e 6.5, referidos ao período de uma semana. Calcule os custos dos produtos P e Q nessa semana, considerando:
Custo de conversão = R$ 5.000,00
Custo de material do produto P = R$ 45,00
Custo de material do produto Q = R$ 40,00
Mix de produção da semana: produto P = 90 un e produto Q = 25 un
6. Considere o exemplo ilustrado pela Figura 6.4, referido ao período de uma semana. Os tempos do recurso B foram racionalizados e passaram a levar somente 5 minutos nas operações, em vez dos 15 minutos anteriores. O tempo disponível dos recursos (A, B, C e D) na semana foi reduzido

de 2.400 minutos para 1.700 minutos para cada recurso. Considere essas alterações, atualizando as Tabelas 6.4 e 6.5. Após isso, calcule os custos dos produtos P e Q nessa semana, considerando:

Custo de conversão = R$ 5.000,00
Custo de material do produto P = R$ 45,00
Custo de material do produto Q = R$ 40,00
Mix de produção da semana: produto P = 50 un e produto Q = 50 un

❖ Nota

1. Sobre Contabilidade de Ganhos da Teoria das Restrições.

Conclusão

– Bom dia a todos! – exclama Anatole, bem-humorado. – Chegamos ao final de nossas apresentações e também ao final do livro que estou escrevendo. Então, vamos voltar a uma questão que foi colocada bem no início de nossas atividades: qual deve ser o título do livro?

Algumas sugestões foram surgindo, como:

❖ Custeio do fluxo de valor
❖ Contabilidade enxuta – a contabilidade para a empresa *lean*
❖ Números certos: uma novela da transformação pela contabilidade *lean*
❖ Gestão pelos números certos: uma novela sobre a transformação da contabilidade gerencial para as empresas *lean*

Como não houve consenso, seguiu-se uma votação, e o vencedor foi Gestão pelos números certos: uma novela sobre a transformação da contabilidade gerencial para as empresas *lean*.

Aldemir Costa, o presidente da Ordem dos Contadores da Região, com experiência na profissão em diversas empresas, mostrou-se agradecido pelo convite feito à ORC para a participação nas palestras:

– Eu nunca havia ouvido falar sobre contabilidade enxuta e pouco sabia sobre empresa enxuta. Vou encaminhar à diretoria e ao conselho da ORC a necessidade imperiosa de os profissionais da classe se familiarizarem com essas técnicas. Já de antemão, solicito ao professor Anatole que verifique em sua agenda a possibilidade de realizar novas palestras e cursos de curta duração, patrocinados por nossa entidade e voltados para nossos associados. Esse é um dever da entidade que presido. E, considerando a influência e o bom relacionamento que a ORC tem com os principais cursos de graduação em ciências contábeis de nossa região, entraremos em contato com os diretores de faculdades, bem como com os coordenadores de curso, para incluírem essa disciplina na grade curricular de seus alunos. Não é possível, na atualidade, que um profissional recém-formado não tenha recebido, de suas instituições de ensino, um embasamento no pensamento enxuto e na contabilidade enxuta. Também levarei esse tema para o próximo encontro das regionais da Ordem. Nesse particular, professor, seu livro com certeza desempenhará um importante papel na área de ensino.

Marcos Figueiredo, o gerente geral da Águias Poderosas Ltda., finalmente está em paz com seus problemas. A transição de sua empresa para uma empresa enxuta agora é uma realidade. Ele diz:

– Como vocês sabem, ainda estamos implementando os fluxos de valor na Águias. Mas gostaria de relatar que, na última reunião do conselho, o vice-presidente financeiro do grupo, Mr. Harry, um homem que raramente esboçava um sorriso e que ameaçava cancelar nosso programa *lean*, estava todo alegre comigo. Os demonstrativos financeiros simples e o *box score* apresentados, bem como a argumentação que fiz com relação aos problemas da contabilidade padrão tradicional, foram os responsáveis pelo seu bom humor. Também Mr. Stan, o vice-presidente de operações do Grupo, que nunca deixou de confiar em meu trabalho, estava mais feliz do que nunca. Vejam só, o mal humorado Mr. Harry agora é fã de carteirinha da produção e da contabilidade enxutas.

De predador virou incentivador, dá para acreditar? Ele chegou a sugerir ao presidente que, após o término da implementação da contabilidade enxuta nas Águias, eu deveria ser o coordenador dessas mudanças nas demais empresas do grupo. E mais: que eu, para isso, deveria ter ascendência funcional sobre todos os demais gerentes-gerais das empresas coligadas para poder levar a termo as modificações que se fazem necessárias.

Professor Anatole retruca de imediato:

– Marcos, um homem de finanças sabe o peso do dinheiro, e o número 1 das finanças de seu grupo percebeu que a vida ficará mais fácil se todas as empresas do grupo utilizarem a produção enxuta, viabilizada pela contabilidade enxuta.

– Professor – retoma a palavra Marcos. – Seu livro será de especial importância para a continuação da implementação na Águias, bem como para as demais empresas em nosso país, e para a área acadêmica, obviamente. Caso o senhor sinta alguma dificuldade de editar o livro, me avise. Se for o caso, nossa empresa entrará com uma forte participação, de forma a viabilizá-lo.

– Muito obrigado, Marcos – diz Anatole, de forma cortês.

– Não estamos nos despedindo ainda, professor – prossegue Marcos. – Trata-se apenas de um até logo, pois o senhor já concordou em ser nosso consultor para a implementação final do *lean* em nossa companhia, e futuramente também em todo o grupo de nossas empresas.

Paulo Teles, o *controller* da Águias Poderosas, diz exultante:

– Professor, estou muito contente por estar participando dessa experiência ímpar em nossa empresa, e, graças ao senhor, nosso sonho de nos tornarmos uma empresa padrão internacional está se viabilizando.

Ana Cláudia, neste momento, não podia deixar de falar:

– Professor, o senhor já concordou em ser meu orientador de mestrado na YPH. Acho que vou ser a primeira aluna lá a fazer pesquisa na linha da contabilidade enxuta. Estou bastante motivada nas pesquisas que irei fazer.

– Meus queridos amigos – diz Anatole – foi bastante agradável para mim ter participado dessas palestras e ajudado a difundir esta técnica em que tanto confio, a contabilidade enxuta. Desejo sucesso a todos vocês em suas empresas e na vida pessoal. Obrigado!

E assim, com o ciclo de apresentações conduzidas pelo professor Anatole materializa-se a técnica da contabilidade enxuta, ou seja, a forma que a contabilidade gerencial utiliza para lidar com as empresas *lean* e poder mostrar os benefícios que essa metodologia traz para essas empresas que optam pela transformação. As empresas como a de Marcos/Paulo/Ana Cláudia já poderão se beneficiar desses ensinamentos; a Ordem dos Contadores da Região também poderá exercer importante influência com seus associados considerando-se a introdução desse conhecimento nos currículos dos cursos de graduação de ciências contábeis, e por extensão, também, em disciplinas do curso de administração de empresas e de engenharia de produção.

Considerações finais do autor

Antes de mais nada, gostaria de agradecer aos personagens deste livro (Marcos, o gerente geral; Paulo, o *controller*; Ana Cláudia, a analista de custos; Anatole, o professor e Aldemir, o presidente da Ordem dos Contadores). Embora fictícios, a tarefa de escrever este texto com certeza teria sido bem mais árdua e não tão gratificante sem a presença deles. É, portanto, grande a saudade que deixam, agora que tomam seu rumo e que chegamos ao final.

Aqui, no mundo real, da não ficção, sinto-me também bastante gratificado por ter tomado conhecimento da contabilidade enxuta e de seus métodos. À epifania da descoberta, seguiu-se uma exaustiva pesquisa no que existe de mais atual hoje sobre *lean accounting*. Somados à minha experiência, os frutos dessa pesquisa resultaram nesta obra, que espero que atinja os objetivos a que se destina.

Samuel Cogan
Rio de Janeiro/2011

Glossário

Até o primeiro defeito Indicador do *box score* que mede a qualidade. É calculado como uma percentagem produzida pela máquina até que ocorra um retrabalho, defeito ou sucata, em um determinado período. É muitas vezes chamado de primeira passada de produção.

Atividades que agregam valor Atividades que são executadas buscando transformar produtos e/ou serviços, de forma que se tornem mais apreciados na visão do cliente.

Atividades que não agregam valor Atividades que não criam valor sob a ótica dos clientes. Excetuam-se aquelas que, embora não criem valor para o cliente, são necessárias para o negócio da organização.

Black belts Denominação dada às pessoas da organização que irão liderar times de pessoas especializadas, os *green belts*, nos projetos do programa *Seis Sigma*, e que dedicam a ele 100% de seu tempo.

Box score Quadro que mostra ao gerente do fluxo de valor, bem como a seu grupo, uma visão sumária do desempenho do fluxo de valor. Esse quadro é constituído de três partes: indicadores operacionais, financeiros e de recursos de capacidade.

Células de produção Técnica de arranjar operações de máquinas e/ou pessoas em uma célula de formato em U, em vez da linha de montagem reta tradicional. Entre outras vantagens, o conceito de célula permite uma melhor utilização das pessoas e facilita as comunicações.

Champions Designação dada, no programa *Seis Sigma*, aos líderes das unidades de negócios envolvidos com a implementação desse programa. Eles devem dar apoio aos times, buscando recursos para que os projetos sejam implementados com sucesso.

Ciclo do PDCA Ciclo de melhoria (*Plan-Do-Control-Act*). Método científico de propor melhoramento contínuo (P, Planejar; D, Executar; C, Controlar; A, Agir para ajustar). Conhecido como Ciclo de Deming, que o introduziu no Japão na década de 1950, e originalmente concebido na década de 1930 por Walter Shewhart.

Cinco S (5S) Método sistemático para organizar e padronizar o local de trabalho. Trata-se de uma das ferramentas da produção enxuta mais simples de ser implementada. Fornece imediato retorno do investimento, atravessa as fronteiras de toda a empresa e é aplicada em todas as funções da organização. Devido a essa virtude, é a primeira ferramenta recomendada na implementação da produção enxuta.

Contabilidade de custos Sistema de gestão de custos que se preocupa com a determinação do custo de produtos, serviços, projetos, atividades, etc. Fornece informações tanto para a contabilidade gerencial quanto para a contabilidade financeira.

Contabilidade de ganhos da teoria das restrições Método de gerenciamento baseado na crença de que todo sistema tem pelo menos uma restrição que limita seu desempenho. Dessa forma, a maneira mais eficaz de avaliar o impacto de qualquer ação proposta é o acompanhamento a partir de medições globais de ganho, inventário e despesa operacional.

Contabilidade enxuta Contabilidade gerencial aplicada a empresas enxutas. Substitui as técnicas tradicionais de custos padrão que causam distorções nos resultados das empresas que estão em processo de transição da produção em massa para a produção enxuta. O mesmo que contabilidade *lean*.

Contabilidade gerencial Conjunto de ferramentas que auxiliam a gerência no cumprimento de suas atribuições. Compreende o planejamento, a direção/motivação e o controle.

Contas a receber em dias Indicador do *box score*. É obtido dividindo-se o saldo de contas a receber pela média diária de vendas (vendas do mês/número de dias no mês).

Controles visuais Sinais simples que fornecem um imediato e pronto entendimento aparente de uma condição ou situação. Permitem que quem caminha pelo chão de fábrica possa saber, dentro de um curto período de tempo (cerca de 30 segundos), o que está acontecendo na programação da produção, nos pedidos em atraso, no fluxo de trabalho, nos níveis de inventário, na utilização de recursos e na qualidade. Esses controles devem ser eficientes, autorreguláveis e gerenciados pelos empregados. Incluem cartões *kanban*, luzes, ferramentas com códigos coloridos, linhas delineando área de trabalho e fluxo de produtos, etc.

Custeio *backflush* Forma de custeio característica das empresas que utilizam o sistema *just-in-time* e onde não existe preocupação em rastrear todos os custos para valorização de inventários, uma vez que esses inventários são geralmente insignificantes. Os contadores registram todos os custos de fabricação diretamente na conta de custos dos produtos vendidos. No final do período contábil, se a companhia tiver algum inventário, os contadores podem usar o custeio do fluxo reverso para registrar os valores de inventário de trás para frente para registrar os custos de fabricação nos inventários em processo.

Custeio baseado em atividades (ABC) Método de custeio que intervém no custeio das despesas indiretas, distribuindo-as pelas atividades que consomem esses recursos. Os custos das atividades são então alocados aos produtos/serviços com base na forma como cada produto/serviço individual consome essas atividades.

Custeio padrão Método de custeio que apropria os custos diretos a um objeto de custo, multiplicando o preço ou taxa padrão pelos insumos padrão contidos na produção efetivamente conseguida; também rateia os custos indiretos com base na taxa indireta padrão vezes os insumos padrão contidos nas unidades produzidas.

Custeio por absorção Método de custeio que associa todos os custos de fabricação (materiais, mão de obra e múltiplas categorias de custos indiretos) aos produtos.

Custeio variável Método de custeio que associa somente custos variáveis de fabricação aos produtos. Esses custos incluem materiais diretos, mão de obra direta e custos indiretos variáveis. Os custos indiretos fixos são tratados como custos do período e são alocados no resultado no período incorrido.

Custo do fluxo de valor É calculado coletando-se todos os custos do fluxo de valor para a semana e dividindo-os pela quantidade de unidades embarcadas para os clientes nessa mesma semana.

Custo dos produtos baseados em traços e feições características São os critérios utilizados na determinação dos custos dos produtos individuais dentro de um fluxo de valor que contém produtos heterogêneos.

Custo médio por unidade Indicador do *box score* que mede o total de custos do fluxo de valor para o período, dividido pelo número de unidades embarcadas durante o mesmo período. Inclui todos os custos consumidos no período (mão de obra, suporte de produção, suporte de operações, suporte de engenharia, facilidades e manutenção, materiais de produção e outros custos consumidos pelo fluxo de valor).

Custos de conversão São representados pelo total de custos de mão de obra mais os custos indiretos. No fluxo de valor, o custo de conversão é representado pelo custo total do fluxo de valor menos os custos dos materiais.

Custos diretos Custos associados facilmente a um produto, atividade ou departamento.

Custos fixos Custos que não se alteram quando há uma mudança no nível de atividade do negócio.

Custos indiretos Custos que não podem ser associados diretamente a um produto, atividade ou departamento.

Custos variáveis Custos que se alteram quando há uma mudança no nível de atividade do negócio.

Defeitos Qualquer ocorrência fora das especificações do cliente.

Despesa operacional (DO) Todo dinheiro que o sistema gasta para transformar o inventário em ganho. Na literatura contábil, corresponde aos custos e despesas fixos, mais a mão de obra direta. É o dinheiro que tem de ser desembolsado para que o ganho aconteça; é o dinheiro que sai. É um dos indicadores da teoria das restrições.

DMADV Trata-se de uma abordagem do programa de qualidade *Seis Sigma*. Essa é uma sigla na língua inglesa das iniciais dos passos: definição, medição, análise, projeto e controle. Enfoca uma sistemática de melhoramentos usados para desenvolver novos processos ou produtos nos níveis de qualidade *Seis Sigma*. Também pode ser empregada se um processo corrente requer mais do que somente um melhoramento incremental.

DMAIC Trata-se de uma abordagem do programa de qualidade *Seis Sigma*. Essa é uma sigla na língua inglesa das iniciais dos passos: definição, medição, análise, melhoria e controle. Enfoca uma sistemática de melhoramentos para processos já existentes e que estão abaixo das especificações, buscando melhorias incrementais.

Empowerment Princípio de relações humanas que sustenta que a motivação individual aumenta e os resultados melhoram quando são dadas às pessoas oportunidades de maior envolvimento e poder decisório em seu trabalho e nas metas a ele pertinentes, aumentando seu comprometimento com a organização.

Empresa enxuta Organização que segue uma metodologia de operação baseada em princípios originados do Sistema Toyota de Produção. O conceito-chave desses princípios de operação é a identificação e eliminação dos desperdícios em todos os processos. É uma característica das operações que utilizam a sistemática de puxar a produção. O mesmo que empresa *lean*.

Entregas no prazo Indicador do *box score* que mede se os produtos corretos são expedidos na data certa e no pedido certo. É calculado como uma percentagem dos pedidos de clientes programados e realmente embarcados no programa.

Fluxo de valor Conjunto de todas as ações necessárias para fazer um produto específico passar pelas três tarefas críticas de gerenciamento de qualquer negócio: solução de problemas, desde o conceito detalhado do projeto e a engenharia, até a produção desfechada; gerenciamento da informação, desde a emissão do pedido até a programação detalhada da entrega; e procedimentos da tarefa de transformação física da matéria-prima do produto acabado até as mãos do cliente.

Fornecedores JIT Fornecedores que atuam como parceiros da empresa. Fazem os fornecimentos em pequenas quantidades, muitas vezes entregando a mercadoria diretamente no local de uso, na hora certa.

Funcionário multifuncional Funcionário treinado para operar dois ou mais equipamentos ou tarefas/atividades. Característico das empresas que utilizam técnicas *just-in-time* e enxutas.

Funcionário polivalente O mesmo que funcionário multifuncional.

Ganho (G) Taxa pela qual o sistema gera dinheiro por meio das vendas. É o dinheiro que entra. Se alguma coisa é produzida e não é vendida, isso não representa ganho, pois não gerou caixa. Analiticamente, é a diferença entre a receita e o custo do material direto. O conceito de ganho foi buscado na literatura contábil e corresponde à margem de contribuição com a consideração de que, na TOC, a mão de obra direta é considerada uma despesa fixa.

Gargalo O mesmo que recurso gargalo.

Gerenciamento baseado em atividades Técnica que gerencia as técnicas de redução de custos com os resultados dos custos das atividades obtidas pelo custeio baseado em atividades (ABC).

Gerenciamento das restrições Sistema de gerenciamento que utiliza a teoria das restrições.

Gerenciamento total da qualidade (TQM) Sistema de gerenciamento utilizado para melhorar continuamente todas as áreas de operação da companhia. É aplicado em todas as operações da companhia e reconhece a força do envolvimento dos empregados.

Gerenciamento visual Gerenciamento baseado em controles visuais. Ver Controles visuais.

Green belt Denominação dada aos responsáveis que implementam os projetos do programa *Seis Sigma* em uma organização, e que se dedicam a ele em paralelo às suas atividades regulares.

ISO 14000 Conjunto de normas e padrões sobre o meio ambiente e a preservação ecológica estabelecido pela ISO.

ISO 9000 Conjunto de normas e padrões sobre qualidade total estabelecido pela ISO. Têm como missão controlar sua aplicação, que é uma questão de entendimento voluntário entre fornecedores e clientes, ou de exigência que alguns compradores fazem a seus fornecedores.

Just-in-Time **(JIT)** Sistemática de produção formada por diversas ferramentas que buscam a eliminação dos desperdícios. Trata-se da primeira metodologia baseada no Sistema Toyota de Produção e que antecedeu à produção enxuta.

Kaizen Melhoramento contínuo, gradual e sem fim.

Kanban Método para manter um fluxo ordenado de materiais. Os cartões *kanban* são utilizados para indicar o ponto de pedido dos materiais, quanto de material é necessário, de onde o material está sendo pedido e para onde o material deverá ser encaminhado para entrega.

Layout **celular** O mesmo que célula de produção.

Layout **funcional** Arranjo no qual as máquinas são agrupadas de modo a realizar operações análogas em um mesmo local. O material se movimenta pelas seções especializadas.

Layout **por produto/linear** Arranjo que tem como exemplo evidente o das linhas de montagens. Caracteriza-se pelas máquinas serem arrumadas de acordo com a sequência de operações do processo produtivo em execução. O material se movimenta enquanto as máquinas permanecem fixas.

Lead time Tempo de processamento de um produto ou serviço até sua entrega ao cliente.

Lead time **doca a doca** Prazo que vai da doca de recepção à doca de expedição.

Lean O mesmo que Enxuta.

Lean accounting O mesmo que contabilidade enxuta.

Lean manufacturing O mesmo que produção enxuta.

Lean production O mesmo que produção enxuta.

Lean thinking O mesmo que pensamento enxuto.

Manufatura celular O mesmo que *layout* celular.

Manutenção produtiva total (TPM) Técnica que capitaliza metodologia proativa e progressiva de manutenção e utiliza o conhecimento e a colaboração de operadores, vendedores de máquinas, engenheiros e pessoal de suporte para otimizar o desempenho das máquinas. O resultado desses desempenhos otimizados inclui: eliminação de quebras, redução de tempos de paradas programadas e não programadas, aumento na utilização e melhor qualidade do produto. Em consequência, conseguem-se custos de operação mais baixos, vida mais longa do equipamento e custos totais de manutenção mais baixos.

Mapeamento do fluxo de valor Método para diagramar um processo e identificar e quantificar os desperdícios e procedimentos inapropriados, como superprodução, espera e movimentos desnecessários.

Master black belts Pessoas qualificadas como *black belts* com maior experiência, que poderão apoiar outros times em projetos futuros.

Método Tambor-Pulmão-Corda (TPC) (1) Método da TOC para programar as operações. Utiliza o tambor ou restrição para criar um programa baseado na capacidade finita da restrição. (2) O pulmão (tempo) protege o programa do tambor (e da expedição) de variações. (3) O mecanismo de corda obstrui a liberação antecipada de matérias-primas para o sistema de produção.

Oportunidades Total das possibilidades de acontecer um defeito.

Pensamento enxuto Filosofia de trabalho característica das empresas enxutas e que visa à eliminação dos desperdícios em todos os processos da organização. Tem como alicerce os cinco princípios enunciados por Womack: valor percebido pelo cliente, fluxo de valor, fluir o valor, puxar e perfeição.

Planejamento dos recursos materiais (MRP) Sigla de *Materials Requirements Planning*, ou seja, planejamento das necessidades de materiais. Trata-se de um sistema computadorizado com ênfase na elaboração de um plano para suprir materiais, interna ou externamente.

Poka yoke Dispositivos à prova de erros. Adaptados aos equipamentos, impedem a produção de peças defeituosas.

Ponto de equilíbrio (*Break Even Point*) Modelo que tem por objetivo determinar o nível de produção em termos de quantidade e/ou valor que se traduz pelo equilíbrio entre a totalidade dos custos e das receitas. Um

Glossário **165**

nível abaixo desse equilíbrio, a empresa estará na zona de prejuízo; um nível acima, na zona de lucratividade. Nesse ponto de equilíbrio, o nível de operação é tal que absorve a totalidade dos custos/despesas fixas, e acima dele somente incidem os custos/despesas variáveis. Corresponde à quantidade produzida ou o volume de operações em valor para a qual a receita iguala o custo total. É o ponto onde o lucro líquido se iguala a zero, podendo ser expresso em unidades físicas ou monetárias.

Produção em massa Técnica criada por Henry Ford em relação ao que se conhecia até então. Henry Ford foi o fundador da Ford Motor Company e o primeiro empresário a aplicar a montagem em série de forma a produzir automóveis em massa em menos tempo e a um menor custo. A produção em massa é uma característica das empresas que utilizam a sistemática de empurrar a produção.

Produção enxuta Metodologia de produção baseada em princípios originados do Sistema Toyota de Produção. O conceito-chave desses princípios de operação é a identificação e eliminação dos desperdícios em todos os processos. Produção enxuta é uma característica das empresas que utilizam a sistemática de puxar a produção. O mesmo que produção *lean*.

Recurso gargalo Qualquer recurso cuja capacidade seja menor ou igual à demanda nele colocada. É o elemento do sistema que limita a produção, o elo mais fraco da corrente. O raciocínio tradicional, que busca otimizar os custos de cada recurso, tende a decidir pela produção máxima possível de cada recurso. Recurso gargalo é o mesmo que restrição.

Recurso não gargalo Qualquer recurso cuja capacidade seja maior que a demanda nele colocada.

Redução do *set-up* O mesmo que troca rápida.

Restrição O mesmo que recurso gargalo.

Retorno das vendas Quociente da relação entre lucro do fluxo de valor e receita.

ROS Sigla de *Return On Sales*, quociente da relação entre lucro do fluxo de valor e receita.

Seiketsu Um dos 5S que significa senso de saúde e higiene. Conserva a limpeza dos ambientes, criando padronização. Procura manter boas condições ambientais para constantemente manter os 3S: *Seri, Seiton* e *Seiso*.

Seiri Um dos 5S que significa senso de utilização. Separa as coisas necessárias das desnecessárias e descarta essas últimas. Identifica *hardwares* necessários e desnecessários.

Seis sigma Metodologia que provê negócios com ferramentas que aumentam as capabilidades de seus processos de negócios. Comparado com outras iniciativas de qualidade, a diferença principal é que é aplicada não somente à qualidade do produto, mas também a todos os aspectos das operações dos negócios. Trata-se de um método para excelência dos negócios que garante 3,4 defeitos a cada milhão de oportunidades.

Seiso Um dos 5S que significa senso de limpeza. Elimina sujeira, poeira, manchas de óleo do chão e dos equipamentos. Elimina o *hardware* desnecessário.

Seiton Um dos 5S que significa senso de arrumação. Arruma as coisas necessárias, agrupando-as para facilitar seu acesso e manuseio. Determina locais específicos para o *hardware* necessário (um lugar para cada coisa e cada coisa em seu lugar).

Set-up O mesmo que tempo de preparação.

Shitsuke Um dos 5S que significa senso de autodisciplina. Cumpre rigorosamente o que foi determinado, preservando os padrões estabelecidos. Deve-se habituar ao cumprimento de regras e procedimentos.

Sistema de puxar Técnica de produção de peças/partes a partir da demanda. Organizações de serviço já operam dessa forma em função de suas características. As organizações manufatureiras, por outro lado, historicamente trabalham através dos sistemas de empurrar a produção, fabricando produtos para estoques (a partir das previsões de vendas) antes de receber os pedidos dos clientes.

Sistema Toyota de Produção (STP) Sistema de produção oriundo da empresa japonesa Toyota Motor Company, de onde se originou o pensamento e a fabricação enxuta.

SMED (*Single Minute Exchange Of Dies*) O mesmo que troca rápida.

Takt time Corresponde ao cálculo da divisão do tempo de produção disponível pela taxa de demanda do cliente. É utilizado quando se deseja adaptar o ritmo de produção com a taxa de demanda do cliente.

Taxa de retorno Taxa que a companhia exige antes de investir em um produto ou operação. Relação entre o lucro líquido e o investimento (também chamada de retorno sobre o investimento).

Tempo do ciclo Tempo necessário para produzir uma parte/produto por uma máquina, estação e/ou operador. É o tempo necessário para repetir uma dada sequência de operações ou eventos.

Tempo de preparação Quantidade de tempo para mudar um processo de produzir um tipo de produto para outro.

Tempo total de espera Tempo que o material fica parado entre uma operação e outra.

Tempo total de operação Tempo que, somado ao tempo total de espera, indicará o *lead time* do processo.

Tempo útil parado Tempo que a máquina ficou parada quando deveria estar operando. As causas podem ser quebra, *set-up*, ajustes, falta de ferramentas, etc.

Teoria das restrições (TOC) Filosofia de gerenciamento holístico que enuncia métodos para maximizar o resultado operacional diante de gargalos/restrições na operação.

TOC (*Theory Of Constrains*) O mesmo que teoria das restrições.

Troca rápida Técnica de redução da quantidade de tempo para mudar um processo de produzir um tipo de produto para outro. O objetivo da redução do tempo de troca não é aumentar os recursos de capacidade da produção, mas permitir uma maior frequência de trocas nos pedidos para aumentar a flexibilidade da produção. Trocas mais rápidas viabilizam a produção em lotes pequenos.

Turnover Medição do número de vezes que o inventário de uma companhia gira em um determinado período de tempo.

Vendas por pessoa Indicador do *box score* que mede as receitas de vendas do fluxo de valor pelo número de pessoas que trabalham no fluxo de valor.

Referências

BAGGALEY, B. Lean Accounting Series: creating the course and tools for a lean accounting system. [S.l.: s.n.], 2004. Disponível em: <http://www.hpsinc.ca/f/Article_3.04_LA_ series_creating_course_and_tools_for_lean_accounting.pdf>. Acesso em: 20 maio 2011.

CARNES, K.; HEDIN, S. Accounting for lean manufacturing: another missed opportunity? *Management Accounting Quarterly*, v. 7, n. 1, p. 28-35, 2005.

COGAN, S. *Activity-based costing (ABC)*: a poderosa estratégia empresarial. São Paulo: Pioneira, 1994.

COGAN, S. *Contabilidade gerencial*: uma abordagem da teoria das restrições. São Paulo: Saraiva, 2007.

COGAN, S. *Custos e preços*: formação e análise. São Paulo: Thomson, 1999.

COOPER, R.; MASKELL, B. How to manage trough worse-before-better. *MIT Sloan Management Review*, v. 49, n. 4, p. 58-65, 2008.

DHAVALE, D. G. Activity-based costing in cellular manufacturing systems. *Industrial Engineering*, p. 44-46, Feb. 1992.

GODINHO FILHO, M.; FERNANDES, F. C. F. Manufatura enxuta: uma revisão que classifica e analisa os trabalhos apontando perspectivas de pesquisas futuras. *Gestão & Produção*, v.11, n. 1, p. 1-19, 2004.

GOLDRATT, E. M. *A síndrome do palheiro*: garimpando informação num oceano de dados. São Paulo: IMAM, 1991.

GOLDRATT, E. M.; COX, J. *A meta*. 4. ed. rev. São Paulo: IMAM, 1990.

HALL, J. A. *Accounting information systems*. 6th ed. Mason: South-Western Cengage Learning, 2008.

HANSEN, D. R.; MOWEN, M. M.; GUAN, L. *Cost management*: accounting & control. 6th ed. Mason: South-Western Cengage Learning, 2009.

HORNGREN, C. H.; FOSTER, G.; DATAR, S. *Contabilidade de custos*. 9. ed. Rio de Janeiro: LTC, 2000.

KAPLAN, R. S.; COOPER, R. *Cost & effect*: using integrated cost systems to drive profitability and performance. Boston: Harvard Business School, 1998.

KENNEDY, F. Making decision without unit product cost. [S.l.: s.n.], 2008. Apresentação em PowerPoint apresentada no Congresso Lean Submmit 2008.

KROLL, K. M. The Lowdown on lean accounting. [S.l.]: American Institute of Certified Public Accountants, 2004. Disponível em: <http://www.journalof accountancy.com/Issues/2004/Jul/TheLowdownOnLeanAccounting.htm>. Acesso em: 10 abr. 2010.

MARTINS, E. *Contabilidade de custos*. 7. ed. São Paulo: Atlas, 2000.

MASKELL, B. H. *What is Lean Accounting?* [S.l: s.n.], 2004. Disponível em: <http://www.maskell.com/lean_accounting/subpages/lean_accounting/components/ What_is_Lean_Accounting.pdf>. Acesso em: 20 maio 2011.

MASKELL, B.; BAGGALEY, B. *Practical lean accounting*: a proven system for measuring and managing the lean enterprise. New York: Productivity Press, 2004.

MASKELL, B.; KENNEDY, F. A. Why do we need lean accounting and how does it work? *The Journal of Corporate Accounting & Finance*, v. 18, n. 3, p. 59-73, 2007.

MELTON, T. The benefits of lean manufacturing: what lean thinking has to offer the process industries. *Chem Eng Res Des*, v. 83, n. 6, p. 662-673, 2005.

MOORE, R.; SCHEINKOPF, L. *Theory of constraints and lean manufacturing*: friends or foes? Severna Park: Chesapeake Consulting, 1998.

OHNO, T. *O sistema Toyota de produção*: além da produção em larga escala. Porto Alegre: Bookman, 1997.

SHAH, R.; WARD, P. T. Lean manufacturing: context, practice bundles, and performance. *J Operations Management*, v. 21, p. 129-149, 2003.

SIMÕES, L. H. da S. *Adaptações do sistema de informações gerenciais para atender necessidades de empresas envolvidas com a implantação do pensamento enxuto*: um estudo de caso. 2009. Dissertação (Mestrado em Gestão Empresarial) – Escola Brasileira de Administração Pública e de Empresas, Fundação Getúlio Vargas, Rio de Janeiro, 2009.

WARD, Y.; GRAVES, A. *A new cost management & accounting approach for lean enterprises*. Bath: University of Bath School of Management, 2004. (Working Paper Series, 2004.05).

WEIL, R. L.; MAHER, M. W. *Handbook of cost management*. 2nd ed. Hoboken: John Wiley & Sons, 2005.

WOMACK, J. P.; JONES, D. T. *Enxergando o todo*: mapeando o fluxo de valor estendido. São Paulo: Lean Institute Brasil, 2004.

WOMACK, J. P.; JONES, D. T. *Lean thinking*: banish waste and create wealth in your corporation. New York: Simon & Schuster, 1996.

WOMACK, J. P.; JONES, D. T.; ROOS, D. *A máquina que mudou o mundo*. Rio de Janeiro: Campus, 1992.

WOMACK, J. P.; JONES, D. T.; ROOS, D. *The machine that changed the world*: based on the Massachusetts Institute of Technology 5-million dollar 5-year study on the future of the automobile. New York: Rawson Associates, 1990.

YANG, K. *Voice of the customer*: capture and analysis. New York: McGraw-Hill, 2008.

❖ Leituras recomendadas

BOYER, K. K. An assessment of managerial commitment to lean production. *International Journal of Operations & Production Management*, v. 16, n. 9, p. 48-59, 1996.

DEMING, W. E. *Qualidade*: a revolução da administração. Rio de Janeiro: Marques Saraiva, 1990.

ECKES, G. *A revolução seis sigma*. Rio de Janeiro: Campus, 2001.

GOLDRATT, E. M.; FOX, R. E. *A corrida pela vantagem competitiva*. São Paulo: IMAM, 1989.

KARLSSON, C.; ÅHLSTRÖM, P. Change processes towards lean production: the role of the remuneration system. *International Journal of Operations & Production Management*, v. 15, n. 11, p. 80-99, 1995.

LACOMBE, F. *Dicionário de administração*. São Paulo: Saraiva, 2004.

LEAN ACCOUNTING SUMMIT: 2011. [S.l.]: Lean Frontiers, c2011. Disponível em: <www.leanaccountingsummit.com/>. Acesso em: 22 jan. 2010.

MACCOBY, M. Is there a best way to build a car? *Harvard Business Review*, p. 161-167, Nov./Dec. 1997.

MASKELL, B. H. Lean accounting for lean manufacturers. *Manufacturing Engineering*, v. 125, n. 6, 2000. Disponível em: <http://www.sme.org/cgi-bin/find-articles.pl?&00de 0046&ME&20001221&&SME&>. Acesso em: 6 maio 2010.

NIEPCE, W.; MOLLEMAN, E. Characteristics of work organization in lean production and sociotechnical systems: a case studies. *International Journal of Operations & Production Management*, v. 16, n. 2, p. 77-90, 1996.

PIERCE, B.; O'DEA, T. Management accounting information and the needs of managers: perceptions of managers and accountants compared. *Br Account Rev*, v. 35, n. 3, p. 257-290, 2003.

REIS, A. C. C. dos. *Implementação da manufatura enxuta na General Motors do Brasil*: avaliação do desdobramento do plano de negócios na planta S-10. 2004. Dissertação (Mestrado) – Curso de Gestão e Desenvolvimento Regional, Universidade de Taubaté, Taubaté, 2004.

ROTHER, M.; SHOOK, J. *Aprendendo a enxergar*: mapeando o fluxo de valor para agregar valor e eliminar o desperdício. São Paulo: Lean Institute Brasil, 1999.

TOOMEY, J. W. Adjusting management systems to lean manufacturing environments. *Production and Inventory Management Journal*, third quarter, p. 82-85, 1994.

WOMACK, J. P.; JONES, D. T. *A mentalidade enxuta nas empresas*: elimine o desperdício e crie riqueza. 3. ed. Rio de Janeiro: Campus, 1998.

WOMACK, J. P.; JONES, D. T.; ROOS, D. *The machine that changed the world*: the story of lean production. New York: HarperCollins, 1991.

Índice

A

Adiar vendas, 89
Ambiente JIT
  fornecedores no, 2
Até o primeiro defeito (dados do fluxo
  de valor), 96, 116
Avaliação de inventários, 124, 125

B

Black belts, 53, 157
Box score, 114-116, 157
  para longo prazo, 117-119

C

Células de produção, 2, 6, 36, 42, 45, 50,
  51, 59, 83, 95, 97, 99, 102, 103,
  139, 157
Cinco
  princípios, 6, 38, 39, 53, 164
  S, 2, 7, 36, 38, 45, 158
Champions, 53, 157
Como entender os custos da produção
  enxuta, 103, 104
Contabilidade
  de ganhos da teoria das restrições,
    18, 138, 148, 158
  do fluxo de valor
    vantagens, 82-89
  enxuta, 10-13, 15-32, 35, 36, 53,
    71-89, 93, 95-97, 151-155, 158,
    163

Contas a receber em dias, 116, 158
Controle visual, 4
Custeio
  ABC *ver* Custeio, baseado em
    atividades
  backflush, 56-66, 107, 159
  baseado em atividades, 18, 30, 139,
    159, 162
  padrão tradicional, 107, 108
  problemas do, 108, 109
Custo
  de conversão, 61-63, 84, 87, 88,
    111, 113, 117, 121, 146, 148,
    160
  médio por unidade, 110-112, 116,
    160
  na produção enxuta, 103, 104
  padrão, 16, 20, 58, 71, 72, 84, 89,
    120, 122

D

Dados do fluxo de valor, 96
  até o primeiro defeito, 96, 116
  tempo
    de ciclo, 79, 96, 132
    de troca, 96, 167
    total de espera, 96, 167
    total de operação, 96, 167
    útil parado, 96, 167
Decisão
  de fazer ou comprar, 120-124
  de preços, 120

Demonstrativo simples de lucros e
    perdas, 84, 113, 114
Desempenho
    financeiro
        problema do, 77-81
    operacional, 80, 81
DMADV, 52, 160, 161
DMAIC, 52, 161

E

Empresa enxuta, 2-12, 27, 38, 47, 66, 75, 82, 89, 95, 117, 122, 152, 161
Empresa *lean* ver Empresa enxuta
Empurrar o produto, 7, 27, 46-48, 79, 165, 166
Entregas no prazo, 115, 161
Especificação do valor de cada produto determinado, 39-41

F

Fazer
    o cliente puxar o valor do produtor, 39, 46-50
    o valor fluir sem interrupção, 39, 44-46
Feições e características, 110, 112, 126, 129-147
Fluxo de valor, 5-7, 22-25, 27, 30, 39, 41-46, 56, 58, 59, 72-74, 82-89, 93-125, 129, 131, 132, 133, 136-140, 157, 160, 161, 165, 167
    aplicação da TOC no, 145-147
    contabilidade do, 82-89
    custeio do, 93-125, 133, 138-140, 160
    custo dos produtos no, 103-125
    da peça única, 97, 125
    dados do, 96
    identificação do, 39, 41-44
    lucratividade do, 84, 89, 120, 123, 124
    mapeamento do, 93-103, 164
Fornecedores no ambiente JIT, 2

G

Green belts, 53, 157

I

Identificação do fluxo de valor, 39, 41-44
Impacto da restrição, 133, 134
Inventário, 1, 16, 21, 23, 26, 41, 47, 56, 57, 61-65, 71-73, 76, 78-80, 84-89, 98, 106, 108, 109, 118, 119, 123-126, 144, 158-160, 167
    avaliação de, 124, 125
    redução de níveis, 89

J

JIT ver *Just-in-Time*
Just-in-Time, 2, 7, 16, 28, 36-38, 56-58, 61, 63, 65, 67, 107, 159, 162, 163

K

Kaizen, 7, 51, 52, 163
Kanban, 2, 4, 7, 36, 48, 50, 56, 130, 159, 163

L

Layout
    de células de produção, 99, 163
    funcional, 98-100, 163
    por produto/linear, 99, 163
Lead time, 8, 65, 71, 74, 75, 78, 89, 94-98, 102, 109, 116, 163, 167
    doca a doca, 116, 163
Lean, 1-13, 15-17, 20, 22-29, 31, 35, 36, 38, 39, 45, 46, 54, 55, 71-83, 109, 124, 129, 137, 151-155, 158, 161, 163, 165
    acconting ver Contabilidade, enxuta
    enterprise ver Produção, enxuta
    manufacturing ver Produção, enxuta

production ver
Produção, enxuta
Lucratividade do fluxo de valor, 84, 89, 120, 123, 124

M

Manufatura enxuta, 6, 9, 35, 36-38, 40, 42, 53
Manutenção produtiva total, 2, 7, 163
Mapeamento do fluxo de valor, 93-103, 164
Modelo de tomada de decisão da teoria das restrições, 140
Movimentação
de materiais, 41-43
do operador, 41
MRP *ver* Planejamento dos recursos materiais
Mudança na função da contabilidade gerencial, 24, 33

P

Perfeição, 5, 7, 39, 51, 52, 164
Planejamento dos recursos materiais, 4, 31, 47, 164
Poka yoke, 4, 164
Problema do desempenho financeiro, 77-81
Problemática da implementação da produção enxuta, 71-77
Produção
em massa, 1, 3-5, 9, 16, 20, 25, 27, 29, 36, 46, 72, 75-77, 79, 82, 89, 104, 108, 146, 158, 165
empurrar *ver* Empurrar o produto
enxuta, 3, 5, 26, 28, 29, 35-39, 55, 58, 66, 84-86, 95, 97, 99, 103, 104, 108, 115, 125, 129, 133, 146, 147, 158, 163, 165
como entender os custos, 103, 104
problemática da implementação, 71-77

Puxar, 4, 7, 27, 38, 39, 46-50, 56, 67, 79, 101, 147, 161, 164-166

Q

Qualidade *seis sigma*, 52, 161

R

Redução
de níveis de inventário, 89
de *set-up*, 36
Retrabalho, 40, 96, 116, 157

S

Seiketsu, 45, 165, 166
Seiri, 45, 166
Seis Sigma, 16, 52-55, 157, 160-162, 166
qualidade, 52, 161
Seiso, 45, 166
Seiton, 45, 166
Shitsuke, 46, 166
Sistema Toyota de Produção, 2-4, 36, 53, 54, 161, 163, 165, 166
SMED, 4, 29, 166
STP *ver* Sistema Toyota de Produção
Superprocessamento, 40
Superprodução, 40, 47, 93

T

Takt time, 48-50, 167
Tempo
de ciclo (dados do fluxo de valor), 79, 96, 132
de preparação, 2, 7, 20, 21, 166, 167
de troca (dados do fluxo de valor), 96, 167
total de espera (dados do fluxo de valor), 96, 167
total de operação (dados do fluxo de valor), 96, 167
útil parado (dados do fluxo de valor), 96, 167

Teoria das restrições, 16, 18, 33, 46,
  138-140, 142-148, 158, 160, 167
  contabilidade de ganhos da, 18,
    138, 148, 158
  modelo de tomada de decisão da,
    140
TOC *ver* Teoria das restrições

V

Valor do produtor
  puxado pelo cliente, 46-50
Vantagens da contabilidade do fluxo de
  valor, 82-89
Vendas
  operações e planejamento
    financeiro, 96, 129, 130, 146,
    147, 148
  por pessoa, 115,167

IMPRESSÃO:

GRÁFICA EDITORA
Pallotti
IMAGEM DE QUALIDADE

Santa Maria - RS - Fone/Fax: (55) 3220.4500
www.pallotti.com.br